玛莎·斯图尔特传

胡 慧◎著

时代文艺出版社

图书在版编目（CIP）数据

玛莎·斯图尔特传 / 胡慧著. —长春：时代文艺出版社，2015.12（2023.7重印）
（世界商业名人传记丛书）
ISBN 978-7-5387-4841-3

Ⅰ.①玛… Ⅱ.①胡… Ⅲ.①斯图尔特，M－传记 Ⅳ.①K837.125.38

中国版本图书馆CIP数据核字（2015）第210474号

出 品 人　陈　琛
责任编辑　孟宇婷
装帧设计　孙　利
排版制作　隋淑凤

本书著作权、版式和装帧设计受国际版权公约和中华人民共和国著作权法保护
本书所有文字、图片和示意图等专有使用权为时代文艺出版社所有
未事先获得时代文艺出版社许可
本书的任何部分不得以图表、电子、影印、缩拍、录音和其他任何手段
进行复制和转载，违者必究

玛莎·斯图尔特传

胡慧 著

出版发行 / 时代文艺出版社
地址 / 长春市福祉大路5788号　龙腾国际大厦A座15层　邮编 / 130118
总编办 / 0431-81629751　发行部 / 0431-81629755
官方微博 / weibo.com / tlapress　天猫旗舰店 / sdwycbsgf.tmall.com
印刷 / 北京市一鑫印务有限公司
开本 / 710mm×1000mm　1 / 16　字数 / 150千字　印张 / 12
版次 / 2015年12月第1版　印次 / 2023年7月第3次印刷　定价 / 36.00元

图书如有印装错误　请寄回印厂调换

目录 Contents

序言　家政女王的传奇人生 / 001

第一章　灰姑娘没有眼泪
   1．波兰移民家庭 / 002
   2．生不逢时的灰姑娘 / 005
   3．严厉苛刻的父亲 / 009
   4．成长的烦恼 / 012
   5．紧张充实的高中生活 / 015

第二章　有条不紊的人生
   1．新时代背景下的大学生活 / 020
   2．当模特的辉煌时期 / 023
   3．丈夫安迪·斯图尔特 / 026
   4．一见钟情的缠绵爱情 / 030
   5．坚定不移的心意——结婚 / 033

第三章　人生旅程的开启
   1．新婚生活的苦与甜 / 038
   2．暗淡的模特道路 / 041
   3．另一种幸福 / 045
   4．惬意的家庭生活 / 048
   5．立足华尔街 / 051

第四章　涓涓细流的积累

1. 事业遭受打击 / 056
2. 回归家庭生活 / 059
3. 餐饮事业的起航 / 063
4. 我的厨房我的梦 / 066
5. 患难与共 / 071

第五章　攀登事业高峰

1. 风靡全美的《消闲》风尚 / 076
2. 无处不在的玛莎 / 079
3. 电视新人 / 083
4. 婚姻结束 / 086
5. 《玛莎·斯图尔特生活》 / 090

第六章　突如其来的官司

1. 玛莎的商业帝国 / 096
2. 不得不提的两个男人 / 099
3. 错综复杂的商业关系 / 102
4. 英克隆董事长的秘密 / 104
5. 接受司法调查 / 107

第七章　致命一击

1. 遭到起诉 / 112
2. 心理战 / 115
3. 交锋 / 118
4. 三个证人 / 121
5. 陪审团裁决 / 125

第八章　谋划东山再起

1. 解决公司的问题 / 130
2. 艰难的抉择——入狱 / 133
3. 我会回来的 / 136

4．被囚禁的日子 ／ 139
　　5．打不倒的玛莎 ／ 142

第九章　玛莎帝国的沉浮
　　1．风光出狱 ／ 146
　　2．软禁的生活 ／ 149
　　3．复出的准备 ／ 152
　　4．玛莎法则 ／ 155
　　5．欢迎回家 ／ 158

第十章　家政女王的持续影响力
　　1．玛莎复出 ／ 164
　　2．《学徒》失败 ／ 167
　　3．永不服输 ／ 170
　　4．纷争结束 ／ 173
　　5．一切都会过去的玛莎精神 ／ 176

附　录
　　玛莎·斯图尔特生平 ／ 180
　　玛莎·斯图尔特年表 ／ 182

序言

家政女王的传奇人生

玛莎·科斯蒂拉·斯图尔特，是全美第二大富婆，也是独一无二的"家政女王"，因为她的横空出世，原本枯燥无味的家政摇身一变，成了日常生活中集品位、技巧于一身的美的艺术。

看玛莎·科斯蒂拉·斯图尔特的生活经历，就像是看一篇跌宕起伏、高潮不断的精彩故事，幸运的是，她在一次次的打击中成功地挺了过来，她那"一切都会过去"的精神更是为无数在困境中挣扎的人们树立了强大的精神支柱。

童年时期的艰苦生活培养出玛莎·科斯蒂拉·斯图尔特坚韧、事事追求完美的性格，同时，父亲在园艺劳动以及装饰方面的技巧也让玛莎·科斯蒂拉·斯图尔特深深着迷。

大学期间，兼职模特的玛莎·科斯蒂拉·斯图尔特在著名杂志《魅力》举办的选美活动中脱颖而出，被评为"当年全美国着装最得体的十佳女大学生"之一！而玛莎·科斯蒂拉·斯图尔特在烹饪方面的专长也让她一举成为众多男性心目中的完美女神。

然而，玛莎·科斯蒂拉·斯图尔特的模特事业很快就走到了尽头：在与安迪成婚后，找她担任模特的公司越来越少，每次支付的报酬也越来越少。女儿莱西的到来，坚定了她离开模特行业的决心。

随后，玛莎·科斯蒂拉·斯图尔特在华尔街过了5年证券经纪人的生活，然而一场政治风波以及这一行业的一些内幕，再一次给她造成重重的打击。

正是这次打击让玛莎·科斯蒂拉·斯图尔特下了离开华尔街的决心，也正是这个离开的决定才让她找到了更适合自己的广阔舞台！

玛莎·科斯蒂拉·斯图尔特开始在家政行业崭露头角，她不断学习，不断逼迫自己向下一个目标前行，她告诉自己：要将未来掌握在自己的手中。终于，她成功了，她不仅成为少见的女性亿万富翁，更成了美国家政行业独一无二的"女王"！

然而，一次对股票的提前抛售再次让玛莎·科斯蒂拉·斯图尔特陷入舆论的水深火热之中，这一次的打击带来的后果是巨大的：不仅她的形象受损，就连公司的股票也因此而出现了下跌。

但是，玛莎·科斯蒂拉·斯图尔特并没有因为这场巨大的打击而淡出人们的视线，即便是在监狱服刑期间，她也仍然是人们谈论的热点，关于她结束服刑后的复出更是为人们津津乐道。

就像玛莎·科斯蒂拉·斯图尔特所说："一切都会过去。"让我们一起在本书的激励下，正视生活中出现的挫折与苦难，为了美好的梦想而拼搏、努力！

第一章　灰姑娘没有眼泪

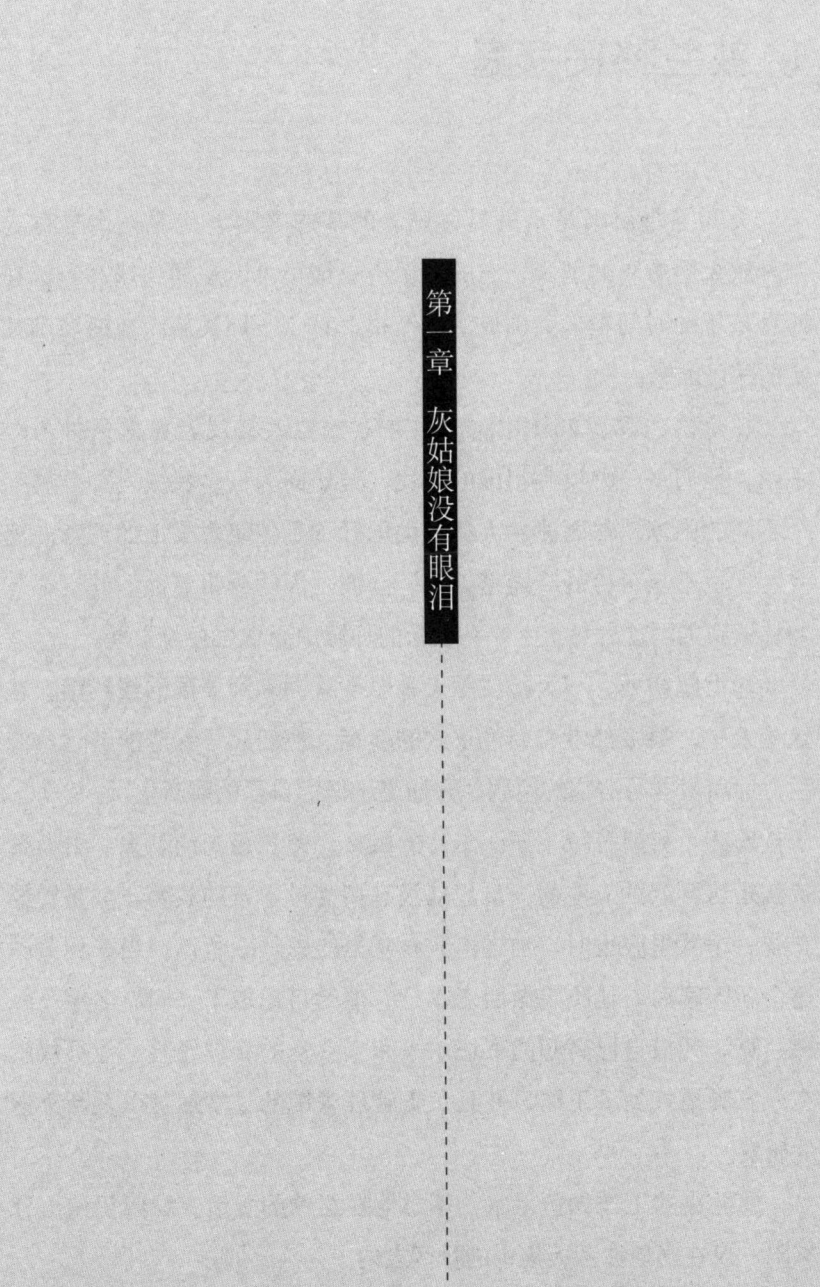

1. 波兰移民家庭

美利坚合众国是全世界移民者的梦想之地，也是一个被称为"种族大熔炉"的国家，它的移民历史最早可以追溯到1620年。在四百多年的时间里，美国成了一个由上百个不同民族组成的名副其实的移民国家。

在众多的移民群体中，来自东欧的波兰移民者显得格外与众不同。他们是一群没有祖国的移民，虽然同为一个民族，却分属三个不同的国家。然而波兰人移民美国既不是传统意义上的"背井离乡"，也不是可怜的"迷途羔羊"。波兰人随身带着他们的"根"并移植到美国这片热土上，在全新的环境中寻求生存与发展。

20世纪初期，一大批波兰人乘船从欧洲来到美国的纽约港。在这些人中，很多都没有受过正式的教育。他们只是希望能够远离波兰，远离祖国所面临的问题，开始属于他们自己的崭新生活。

玛莎·科斯蒂拉·斯图尔特的祖父，弗兰兹·约瑟夫·科斯蒂拉就是这群波兰人中的一员。他没有接受过学校的教育，只是曾经在波兰军队里服役时，当过部队食堂里的厨师。所以，当来到美国这个新国家后，他决定做回老本行。他给自己取了一个新名字——弗兰克，凭借自己高超的烹饪水平和在食堂的管理经验，他很快就在一家餐馆找到了工作，并且负责管理餐馆的日常运营以及新菜谱的研发。

弗兰克的工作如鱼得水，不过他在纽约的生活交际圈仍然十分有限，仅在当地波兰人集中的社区之内。

在一家波兰人经营的俱乐部里，弗兰克认识了一个叫海伦·克鲁卡尔的波兰姑娘，她在一家富有的纽约人家里做帮佣。两个人迅速坠入爱河，没过多久就结了婚。婚后他们就在离海伦工作不远的地方租了一间公寓。

1911年夏天，他们的第一个孩子爱德华·科斯蒂拉出生了，他就是玛莎·科斯蒂拉·斯图尔特的父亲。为了赚到更多的钱，在餐馆工作了15年的弗兰克带着全家人搬到了新泽西州东北部的泽西城。在那里，他用多年辛苦工作攒下来的积蓄开了一间肉铺。

就在那一年，美国政府颁布的禁酒令开始生效，许多酒吧被迫关门，这让嗜酒如命的酒徒们郁闷至极。一些人从中看到了商机，非法经营的小酒馆大行其道。弗兰克一家就在此时买下了一个小酒馆，起名叫"科斯蒂拉的酒馆"。他们一家人就住在小酒馆的二楼。1925年，弗兰克将肉铺转卖给他的亲戚，开始做其他的生意。

在这14年间，弗兰克与海伦又添了一个儿子和一个女儿，但只有大儿子爱德华最受海伦的宠爱，因为海伦认定爱德华是个天才，所有见到他的人都会为他的聪明才智惊叹不已，而且他也一定会有一个卓越的人生。爱德华清楚母亲对自己的宠爱，因此他在许多事情上都很有信心，觉得自己非同凡响。

当同龄的男孩们在草坪上踢球玩耍的时候，爱德华却对这些游戏提不起劲头，他喜欢烹饪、缝纫和园艺，甚至很早就对设计和时尚产生了浓厚的兴趣。这让他母亲的很多朋友都十分羡慕，因为大家都认为他的兴趣与技能实用而且独特。虽然这些爱好看起来不像是男孩应该喜欢的，但是别人也并没有因此觉得爱德华女性化。

爱德华遗传了父亲卷曲的金发和深邃的蓝眼睛，而且身高也超过了180厘米。他对探究事物的工作原理和设计原理十分在行，经常帮忙修理家里的东西，凭借他敏锐聪慧的头脑，他能在对某样东西进行深入研究后就立刻知根知底，甚至可以依照样子做出一件一模一样的东西。这种神奇的才能让爱德华拥有了独一无二的心智能力，也让他对未来充满了信心。

1929年，18岁的爱德华顺利获得迪金森高中的毕业证书。他接受了高中体育老师的建议，成了一名新泽西州奥兰治潘扎体育教育卫生学院的学生。尽管他的专业是体育教育，但他对艺术十分向往，并且自学了有关社会学和心理学的课程。他的同学们时常打趣地称他为"大梦想家"。

由于当时美国处于持续的经济大萧条时期，年轻的爱德华原本打算放弃周游欧洲的计划，但他的母亲慷慨解囊，资助了他的旅行，让他可以到国外进一步深造从而完成学业。这也让他在国外度过了一段美好的时光。夏天过后，爱德华回到家中，他给亲戚朋友们讲了许多这次旅行中发生的趣事，还和他们分享了很多照片。

体育学院毕业后，爱德华回到了泽西城，他很快得到了一份工作，成了学区的体育教师。这是父亲通过市政府里的熟人帮忙安排的工作，尽管经济大萧条时期能有一份这样的工作十分难得，但是爱德华觉得这份教书工作无法施展自己的才华，所以他进入夜大继续学习，期望能够找到令自己满意而且能带来更多收入的工作。

1937年夏天，爱德华代表学区参加了在宾夕法尼亚州举办的学术研讨会。在那里，他结识了刚刚大学毕业的玛莎·鲁兹克沃斯基，一个有着波兰血统的漂亮姑娘。

玛莎·鲁兹克沃斯基的父母是在第一次世界大战之前从波兰来到美国的，他们住在纽约州的布法罗市。这对夫妻一共有4个孩子，玛莎·鲁兹克沃斯基是家中的长女。她的父亲乔·鲁兹克沃斯基是一个钢铁工人，母亲弗兰西斯卡·鲁兹克沃斯基则是靠给别人做针线活贴补家用，在工作的过程中，两个女儿也都学会了做针线活。虽然玛莎·鲁兹克沃斯基的家庭条件并不优越，但她母亲认为不应该因此耽误孩子们接受良好的教育，所以除了妹妹以外，她和两个弟弟都接受了高等教育。

因为来自相同的民族，爱德华与玛莎·鲁兹克沃斯基有很多共同语言，两人很快就如胶似漆地黏在一起。但是玛莎·鲁兹克沃斯基的父母希望女儿能有更好的归宿，所以十分反对他们恋爱。玛莎·鲁兹克沃斯基对此却不以为意，依然沉浸在爱情的甜蜜之中。秋季开学的时候，她成了纽约斯罗甘的一名小学老师。可还没开始工作，玛莎·鲁兹克沃斯基就发现自己怀孕了。

爱德华和玛莎·鲁兹克沃斯基决定结婚，却遭到玛莎·鲁兹克沃斯基父母的强烈阻拦，无奈之下，两个年轻人私奔了。玛莎·鲁兹克沃斯基等到为期一年的教书合同到期后，她就跟随爱德华搬到了新泽西的泽西城，租了一套小房子共同生活。冬天来临的时候，玛莎·鲁兹克沃斯基和爱德华在教堂举行了婚礼，正式结为夫妻。婚礼上，玛莎·鲁兹克沃斯基穿着时髦的赭色丝质天鹅绒套装，优雅而迷人，足以和达·芬奇笔下的蒙娜丽莎相媲美。

2. 生不逢时的灰姑娘

步入婚姻的爱德华开始了崭新的生活。他和妻子完全沉浸在这种新生活的喜悦之中，和普通的工薪阶层一样，生活简单而平静。没过多久，他们的长子艾里克·科斯蒂拉出生了。

由于新成员的到来，家庭开销也随之增加，这让原本就生活拮据的爱德华一家负担加重。爱德华只能更加拼命地工作来维持收支平衡。这样的生活让爱德华既疲惫又失望，尽管他仍然觉得自己是与众不同的，应当过上富足悠闲的生活，但现实的残酷让爱德华不得不清醒，他还是只能过着平凡的日子，每天辛苦地工作。

1941年8月，爱德华夫妇迎来了他们的第二个孩子，也是第一个女儿，与母亲同名的玛莎·科斯蒂拉·斯图尔特。在她之后，又有4个弟妹陆续降生到这个家庭。

诸多因素影响着玛莎·科斯蒂拉·斯图尔特，并促成了她最终的传奇人生：她拥有的波兰血统；来自祖父母和父母的影响；生活在经济大萧条的时代背景；她成长的工薪阶层聚集的拥挤的大家庭。没有人能够想象出来，科斯蒂拉家的长女日后所创造的辉煌将被历史铭记。

甜美可爱的小玛莎让这个处在困顿之中的家庭稍感安慰，但随之而来的烦恼很快让这种感觉烟消云散。

由于长期清苦的生活，玛莎·鲁兹克沃斯基生产后严重营养不良，需要增加营养品来调理身体，加上女儿的到来，家里的经济也开始捉襟见肘。爱德华只好向母亲求助，但这让自尊心极强的他受到了很大的打击。爱德华觉得一切都糟透了，无比沉重的生活压得他喘不过气来，而他所追求的高品质生活也全然不见了踪影。

4个月后，美国宣布参加第二次世界大战。战争期间，年龄在18岁到26岁之间的已婚男子都有义务应征入伍，爱德华从来没有受过部队训练，因此侥幸没有参军服役，而是在战争的后方做补给的工作。他被分配到新泽西州的一个造船厂的船坞，负责修理船舶。特殊的时期、嘈杂的环境和粗重的工作让爱德华吃尽了苦头，精神状态也越来越不好。

对于爱德华一家来说，那是艰难苦撑的一段日子。妻子需要在家照顾孩子，只有爱德华一个人工作。除了抚养两个幼小的孩子，爱德华微薄的工资还要用来支付房租。房子是一套没有电梯的公寓房的二楼，没有门廊，也没有花园，环境设施非常差，狭小的浴室和公用的厨房，这些总是让爱德华很恼火。

现实的生活让骄傲的爱德华难以接受，这与他原本期盼的那种"充满了音乐艺术和美食华服"的生活相去甚远。他怎么也想不明白，日子竟然会过到这般田地，而他的卓越才能也施展不出半分。他的脾气变得越来越坏，考虑事情也总是以自我为中心。

有一段时间，爱德华甚至开始讨厌承担赡养妻子和儿女的责任，对于妻子的约束更是愤愤不平，觉得她根本就没有任何资格管自己。所有无情的争吵与口角都是围绕着金钱——这个家里一直缺少的东西。

这样艰苦无趣地生活了3年多后，爱德华的工作终于有了调动，他们一家从泽西城搬去了同在新泽西州的纳特利市。在那里，他们的生活总算有了一些转机。爱德华的母亲十分心疼他们，所以就自己做主，帮爱德华支付了一套两层小公寓的首付，这意味着他们不用再过居无定所的生活了。母亲对爱德华的疼爱让他很受感动，也非常感恩。

他们的新房子位于市郊的一个安静的社区，那里聚集的大部分人都是和他们一样的工薪阶层，从那里坐公车去纽约市区只有很短的一段路程。公寓一共有三个卧室和一个卫生间，在往后的岁月中，这个不到200平方米居住面积的双层公寓还将迎来3个孩子，屋子很快就会变得拥挤不堪，但不管怎样，他们一家终于有了一套属于自己的房子。

长大以后的小玛莎对这间位于榆树街85号的房子记忆颇深，她对那里的描述是："一间普通的木屋，虽然朴实但很舒适。公寓占地很小，前院有人行道和一条只容得下一辆汽车通过的街道，后院很长但是很窄。令人开心的是，房子还有一个很棒的被塞得满满当当的地下室，他们在那儿做饭、洗衣、做木工，做一切大家喜欢的事情。"

1945年，第二次世界大战终于结束了，而与战争相关的造船厂工作也随之结束，爱德华因此失业。虽然他对船坞的工作厌恶至极，但至少这份稳定的收入可以维持家庭的正常开销。战后的美国经济迅速膨胀，社会提供的工作缺口也都是与经济发展相关的，这让已经干过几年体力活的爱德华感到无所适从。

小玛莎的母亲每天都会祈祷，希望丈夫能够顺利找到工作，可是每次的结果都是：一脸沮丧和烦躁的丈夫怒气冲冲地回家，反锁上房间的门，直到晚饭的时候才会出现。迫于无奈，她只能开始做些针线活来挣钱贴补家用，这门手艺是她小时候和母亲学的。而爱德华也开始找到一些零散的工作，只是仍旧没有稳定的收入。

那时候的爱德华夫妇已经有三个孩子了，即使他们很努力地接零活，并且处处节俭，计算着花销，但生活还是每况愈下。很快，他们一家又陷入了困境，重压之下爱德华不得不再次向母亲求助以渡过难关，直到找到合适的工作。

有了母亲的接济，爱德华一家的生活才得以维持下去。因为没有正式的工作，爱德华有了很多富余的时间，他也终于有时间做自己感兴趣的事情了，比如：园艺和烘焙。虽然他们家后院的面积实在不理想，但他还是在合适的地方种上了苹果树。他还带着3岁的小玛莎一起把院子的土翻松并且种上了花草。院子很快就变得充满生气，惹人喜爱了。爱德华的兴趣和爱好深深地影响着小玛莎，并为她以后的成功打下了坚实的基础。

每次母亲来家里时，爱德华都会亲自下厨款待。他会做很多菜式，还会烤制可口的小甜点，这似乎是爱德华与生俱来的技能，连他的妻子都自叹不如。他总是能用最普通的食材做出上等料理的美味，甚至走进厨房，闻闻正在烤制或在烧的东西，就能辨别其中的成分与配料，然后做出完全一样的美食。

在小玛莎幼小的心灵中，父亲的这种才能令她敬仰，也是从那个时候开始，父亲的形象在她的眼中变得神圣和高大。而她也遗传了父亲的这种特殊才能，在以后的岁月中，她将会把这种才能发扬光大。

3. 严厉苛刻的父亲

美国经济在二战之后迅速崛起，短短的一年时间，社会的就业机会大幅度增加，人民的生活水平也随之得到改善。与此同时，爱德华也终于找到了一份固定工作，在一家叫作辉瑞的制药公司从事药品销售，工资保底，外加佣金。因为爱德华大学期间主修体育教育，而他又对生物、化学和健康课都有很大的热情，所以，这份工作对于他这个性格外向且富有个人魅力的男人来说十分适合。

那时候，5岁的小玛莎已经开始上幼儿园了，父亲的新工作对她而言意味着夏天可以跟随爸爸一起去布鲁克林的库尼岛玩上一整天，这项活动是由公司组织的。令爱德华兴奋的是，他有了一辆供自己使用的汽车，这也是公司福利之一，方便他进行药品销售。而最重要的是，他的新工作终于让一直紧巴巴的家庭经济状况得到了一定的缓解。

科斯蒂拉一家的生活在爱德华找到正式工作之后得到了改善并逐渐开始步入正轨。他们也终于能有一些精力和金钱做普通人家做的事情了。每个星期日，爱德华会开车载着全家去波兰天主教教堂做礼拜。孩子们会穿上熨烫平整干净的衣服，好像要参加什么重要的聚会一样。回家的路上，追求高品质生活的爱德华总是特意绕到一家传统的波兰面包店，买一些平时因为节省而舍不得买的食物。这也是小玛莎这几个孩子们最快乐的时光。

回家后，就是孩子们劳动的时间了。他们换上工作服，拎着装满肥皂水的小桶，手里拿着抹布，一起清洗父亲的那辆公司配发的青灰色雪佛兰汽车，这也是孩子们需要做的家务中最困难的一项，因为每个人都知道父亲爱德华的要求有多高，他总是希望车子不论什么时候看上去都是锃亮的，想要讨好他可不是那么容易。

孩子们完成工作之后，爱德华就会开始检查，这时候，孩子们一个个紧张地屏住呼吸，手里还攥着湿漉漉的抹布。通常，爱德华都会指着仅有的一处污渍说："你们看，这里没有擦干净！"

科斯蒂拉家的家规就是完美无缺和干净整洁，每个人必须做到。爱德华的要求严格到不讲情面。如果地上出现了本不该在那儿的东西，大家的本能反应就是马上抓起扫帚清理掉。一直以来，爱德华都是一个颇为自恋并且追求完美的人，他总是不停地抱怨自己的雄心壮志没有得到实现。

父亲爱德华是对大女儿玛莎人生影响最大的人之一，这一点是众所周知的。爱德华没完没了的高标准和严要求对她的个性发展产生了巨大影响。所以玛莎养成讲究整洁和所有东西都必须一尘不染的习惯也就不难理解了。

安稳平静的生活很快被爱德华的自以为是打破。他觉得自己理应挣到更多的钱，出更大的风头，他也一直努力思考着怎么能够达成自己的愿望。所以，他辞去药品销售的工作，开始寻找能让自己"发大财"的营生。

爱德华每份工作的时间都很短暂，他总是想从新东家那里得到更多的报酬和福利。而每一次，他都十分失望，只能不停地换工作。爱德华这样固执且不负责任的行为时常让家里陷入经济紧张的境地，当他找不到工作时，妻子就靠缝补接些零活贴补家用，有段时间，她还重返学校教书来帮着撑起这个家。

爱德华觉得，家里钱不够花是因为自己混得不好，这一切都是他自己造成的，但是他对家人把他放在"顶梁柱"的位置上非常反感。他的特立独行在这个家庭中就是一种权威，没有人能够撼动他的"权力"。他总是能把钱花费在昂贵的衣服或者自己的兴趣爱好上。

成年后的玛莎回忆起父亲花了12年才省出新地板和新橱柜的事情时,她认为,父亲在家庭方面的很多计划上都打了很大折扣,比如彩色电视机,对那时的很多美国家庭来说,科技的进步是他们茶余饭后的话题之一,新兴的彩色电视机也正迅速地取代20世纪50年代出现的黑白电视机。就在别的家庭惊叹这个新发明时,科斯蒂拉一家直到50年代末才拥有了一台黑白电视机,这在他们的社区都是极为少见的。

玛莎一直记得,父亲将电视机放在客厅里,为的就是方便他坐在喜爱的椅子上以最好的视角观看电视。而其他的家庭成员只能坐在别的地方,要么斜视,要么费很大劲才能看到屏幕。但是父亲却丝毫不会觉得这样有什么不妥,因为,他是这个家庭的主导者,也就理所应当地享受这一切。

尽管某些回忆不尽人意,但是玛莎从记事起对父亲的感情就非常深厚。她眼中的父亲是一个富有创造才能的人,是他教会玛莎园艺和装饰。她认为,父亲的教诲令她受益匪浅,而他事事苛求完美的做法在很多事情上也是值得的。

爱德华对于大女儿玛莎的关注度的确高于其他孩子,他喜欢与玛莎在一起,也许是玛莎总能达到他的标准的原因。玛莎早早就学会了园艺和木匠等手艺活,尽管那时她还只是个小女孩。每年的3月初,他都会带着玛莎去花店买种子,然后回家一起种在院子里,这些事情都会令玛莎非常开心。

爱德华将他对园艺的热爱全部灌输给了玛莎,他们喜欢花上很长的时间一起研究书籍里的植物品种,努力探寻他们真正能买得起并种下去的植物。父亲的严谨仔细就在这时候体现,父女俩在圣诞假期中花几个小时认真阅读每一份商品目录,然后再决定订购什么商品。

父亲是玛莎第一个也是最重要的老师，指点着她人生的每一步，从而使她达到了许多人都难以企及的完美境界。玛莎的哥哥艾里克就说过："我父亲是个吹毛求疵的人，玛莎也很苛刻。这是家族遗传的毛病。"

4. 成长的烦恼

1953年9月，玛莎升入纳特利初中，那时候，她们家已经是一个8口人的大家庭了，而她们居住的小公寓显然没有足够的空间容纳这么多人，经常是一个厕所全家人抢着用；互相妨碍就变成了家常便饭，只要开口说话，不管声音大小，都会被其他人听得一清二楚。

玛莎与妹妹凯西住在同一个房间，屋子很小，只能放下一张双人床和一个五斗柜，储物空间是共享的，十分有限。可对玛莎这个年纪的女孩来说，都希望能有一些私人空间，只是家里实在没有这个条件。对于"拥挤"的生活，她只能巧妙应对。

玛莎总是在厨房的水池那里洗头发，因为卫生间的水池是一家人用来刷牙的地方，她和父亲爱德华一样都有一些洁癖。但母亲对她的做法颇有微词，觉得厨房是做饭的地方，不应当做它用。玛莎对此十分苦恼，总是背着母亲偷偷在厨房洗头。

生活上的烦心事也只是小插曲，作为长女，12岁的玛莎已经开始帮着母亲照顾她的5个弟弟妹妹。有时妹妹凯西晚上感到口渴，玛莎就要起来去厨房给她端水。她也经常帮着妹妹劳拉刷体育课穿的鞋子，有时候还要带着最小的弟弟乔治去看医生，甚至她的哥哥艾里克也会拜托她帮忙洗衣服。对玛莎的兄弟姐妹来说，她就像第二个妈妈一样。

除了需要照顾兄弟姐妹，玛莎还要帮忙分担母亲的家务，尤其是缝缝补补的事情。家里孩子众多，经济条件又不理想，所以孩子们平时的衣服大都出自母亲和玛莎之手。她每次在外面看到最新的款式就会记下来，然后回家和母亲一起研究并做出非常相像的衣服。

在很长一段时间里，玛莎穿的都是手工缝制的衣服。有时她也会感到很失落，特别是她找不到合适的衣服去参加新年前夜的晚会。这对于一个处于青春期的小女孩来说，还是很遗憾的事情，这也让玛莎在同学们的聚会中永远都是最不起眼的那个。

尽管如此，玛莎并没有悲伤，而是不断磨炼自己掌握的技能。她从父亲那里学到了很多手艺，修整花园、使用工具，甚至还要锻炼当众讲话的能力。父亲总是对她说"我非得把这些灌到你的脑子里"这样的话。即使这样，玛莎也能完全接受，因为她认为那是她自信和自尊的来源。

虽然玛莎承担着家里的很多事情，但她对自己的学业从来没有放松过，她不断地要求自己：成绩必须优秀，学习必须努力。在这些重压之下，玛莎培养出了独有的坚韧品格并且持续一生。她在任何时候都告诉自己：一定要做到无可挑剔。

当然，玛莎这种事事都追求完美的性格来自她的父亲爱德华，这也让她吃了不少苦头，很多时候，白天没有做好的事情到了晚上还会一直想着，结果患上了失眠。明明晚上10点就上床睡觉了，可是到了半夜还是会起床，最后只能和父亲一起坐在厨房台阶上，一边吃着洋葱三明治，一边玩拼字游戏，或者和父亲一聊就是几个小时，有时直到天亮。

玛莎上小学的时候，她的同学都是和她一样来自市郊的同一个地区。但升入初中之后，这种情况发生了改变，她的新同学们来自纳特利市的各个地区，有的同学的父母是律师，还有的是企业的高层主管。

那个时候玛莎的个子就已经很高挑了,而且十分纤瘦,脸上总是带着明朗灿烂的笑容。在和同年龄的女孩一起时,她很注重自己的穿着,并且,她也同她们一样,经常被那些时尚潮流的着装所吸引。她的愿望就是希望能有一间属于自己的衣橱,里面装满同学们都有的时髦的衣服。

自己的家庭背景和同学们的家庭背景有着天壤之别,加上和她们的相处,玛莎渐渐对社会地位有了明确的概念。她曾经对自己的阿姨说过:"我长大之后要养三条狗,还要雇两个女仆负责遛狗。"可见她当时就对人生有了一定的感悟了。

由于家庭条件的悬殊,玛莎如饥似渴地读书学习,她希望通过自己的努力改变命运。她的阅读兴趣愈发浓厚,她经常会去纳特利市公共图书馆看书。没过多久,玛莎把适合自己年龄阶段的书全部看完了,她妈妈就允许她到成人区的书架借阅了。

玛莎非常喜欢读霍桑、奥斯汀、狄更斯、托尔斯泰这些大文豪的作品。这让她对写作技巧很好奇,总是想找到写出好作品的秘诀。她习惯读同一个主题但是不同作者写的书,为的就是能够锻炼自己辨别一本比另一本好在什么地方的能力。

对于青少年间流行的读物,玛莎也是看的,但她并没有像朋友们那样有青春期偶像。她也从来不在卧室张贴偶像海报,也不会在衣橱里放上大堆的电影杂志。所以,在母亲眼里,玛莎是一个既贴心又乖巧的女孩。

因为很早就帮助母亲分担家务,玛莎的厨艺也得到了锻炼。在很长的一段时间里,科斯蒂拉一家的早饭都是由玛莎准备的。但其实玛莎和其他女同学一样,对烹饪并没有太大兴趣。如果家政课不是必选课的话,她是肯定不会走进烹饪教室的。

尽管如此,做饭,至少帮着妈妈做饭,是她必须做的一件事情，否则就会惹麻烦。她的母亲一辈子都逆来顺受没什么主见，只是默默操持着家里大大小小的事情，所以她对玛莎的教育也是希望她什么都会做。好在玛莎是个懂事的姑娘，只要她做哪一件事，就一定会努力做到最好。

生活的历练让玛莎变得坚强而独立，勇敢又勤奋。慢慢地，玛莎所掌握的生活技能，还有高于同龄人的思想境界让她有了坚定的信念，而且这样的信念也将伴随她一生，直至成功。

5. 紧张充实的高中生活

初中二年很快就过去了，升入高中的玛莎变得更加忙碌。因为她的父亲爱德华在她入学后就明确地告诉她：不要指望他会花钱供她念大学，她必须靠自己的努力才行。

从1940年开始，美国的大学学费就逐年上涨，到玛莎上大学的时候再次翻番，上一年大学的费用大概是700美元，向来以自我为中心的爱德华认为这笔钱不该由他支付，他宁愿把钱花在他感兴趣的地方，比如摄影。

因此，玛莎学习更加刻苦，只有这样，她才有机会选择有全额奖学金的院校。她选修了4门数学课，而学校只要求选修两门即可。她暗暗发誓，要把所有的学科都学到最好。经常是到了考试之前的最后一分钟玛莎还在看复习资料。

除了学业上的用功，玛莎也没有忽略其他能力的锻炼。那时，她是高中文学社的一员，经常会发表文章或者是书评。她也是英语课受到表彰的优秀学生。每当学校橄榄球赛季开始，玛莎都会跟随一个小团体到赛场上去卖热狗，那也是她最早的从商经历。

作为纳特利高中的荣誉学生，玛莎还参加了艺术委员会这样的社团，但是她从未被票选成为最漂亮或是最可爱或是最有才的学生。准确地说，她马不停蹄地参加各种社团，为的就是能够学到更多。就这样，到高中毕业的时候，玛莎参加学校社团的数量远远超过其他同学参加的。

在纳特利高中里，有很多和玛莎一样的女学生，她们梳着一样的发型，穿着高领羊毛衫，佩戴珍珠饰品；她们几乎都是拥有波兰血统或者爱尔兰血统的白人；她们大多数人信奉的是天主教。所以，玛莎的交际圈十分固定，她和同学们把园艺、烹饪和家政作为兴趣爱好来学习。

那时候美国的社会文化发生了很大变化，一些新奇的事物渐渐成为主流。但是玛莎和大部分同学还是一样抱有传统的家庭观念，认为男人是一家之主，女人的义务就是照顾家庭和生活。

玛莎在父亲的严厉管教下已经准备好踏入一个崭新的世界，她的父亲很有创造力，这一点对她有着积极的影响。她把父亲灌输给她的信条归结为："努力工作，不断尝试，不要限制自己。"这也是她自己一生的信条。

那时，玛莎家隔壁的一个女孩在纽约市里当模特，她提议玛莎也去试试。可是玛莎从来没有接触过这样的工作，她十分犹豫。但是父亲认为这是一个很好的锻炼机会，并且能赚到钱，所以，他非常鼓励玛莎做模特。为此，他用家里的相机给玛莎拍了上百张照片，来帮助她找到感觉。

邻居女孩把玛莎介绍给一个经纪人。很快，玛莎就被安排到位于纽约第五大道上著名的博威特·泰勒百货公司做模特。就这样，在父亲的鼓励下，还在上高中的玛莎正式踏入了模特圈，并在以后的日子中越做越好。

比起那些只能找一些简单工作来做的同学，这份模特工作可以让玛莎挣到更多的钱。每个星期六，她跟很多小女孩一样，身着高档时尚的衣服，在百货商场的展台上走来走去。那种感觉让她很兴奋，觉得有趣极了。

后来她的经纪人推荐她去参加一个选秀活动，结果她被选中拍一个煲汤广告，那个广告插播在一档黄金时段的电视节目里。玛莎健康古典的外形十分讨人喜欢，唯一的缺憾就是她那新泽西州的口音有点让人受不了。为此，广告制片人没有用她本来的声音，而是给她配了一个好听的声音，也正是因为这个原因，玛莎开始有意识地塑造自己学习那种漂亮的上层白人说的英语。

对于这个来自工薪阶层社区的年轻女孩来说，纽约的模特圈让她豁然开朗。那个强大的世界让她惊奇，充满挑战，同时，她也感到害怕却又期盼得到更多。不管怎样，玛莎靠着自己的努力把模特做得越来越好，只是繁忙的学业和爆满的模特日程让她无暇结交男孩子。

严厉的父亲也不允许她和男孩出去约会，他认为男生会分散玛莎做事的精力，还会影响学业，这是他不想看到的。处于少女时期的玛莎从来没有过感情经历。玛莎天生丽质，但她秉承着科斯蒂拉一家朴实的作风，勤勤恳恳，从没想过靠外貌获得什么。

玛莎的母亲说过，她一直是优等生，从来不需要督促她学习的事情。玛莎在学校太忙了，以至于没有什么约会，但这并不是因为她害怕男生，只是她把一切与自己目标无关的事情放到一边而已。

玛莎高三这一年，她勤奋学习、积极参加社团，也取得了优异的成绩。她获得了两所大学的青睐：纽约大学和全美国最好的女子学院之一的巴纳德女子学院。纽约大学给了玛莎全额的奖学金，而巴纳德女子学院只给她部分奖学金，在学校的选择上玛莎很苦恼。

事实上，玛莎的选择余地很小，她父亲爱德华希望她选择学费全免的学校，另一方面，父母希望她住在家里，而不是去很远的地方，这样就可以继续照顾大家庭的生活。然而玛莎的高中校长建议她选择巴纳德女子学院，那位校长说，像玛莎这么出类拔萃的女孩就应该去那样的学府深造。

正是出于这个建议，玛莎最终没有接受提供全额奖学金的纽约大学，而是去了巴纳德女子学院。她相信自己的模特工作能够挣到足够的钱支付学费。对于这件事，她的父亲倒也没有什么意见，只要她自己能够负担学费就可以了。

终于，玛莎可以松口气了，她不必为上大学的事情烦恼了。玛莎热切地期盼着大学的美好生活，诸多因素影响着她对未来生活和世界的设想：她的家庭，她的信仰，她的波兰血统以及20世纪四五十年代的社会文化背景，还有就是她从小到大生活成长的工薪阶层聚集的环境。这一切，以及之后上大学、继续模特生涯和结婚都是促成她成为美国最成功的女实业家的原因。

就像玛莎的高中毕业照中一样，留着厚重刘海的玛莎以果敢的目光直视镜头，而她宽大严肃的脸庞始终带着一抹自信的微笑。她在照片下方写道："我做我喜欢做的事情，而且做得气定神闲。"

第二章 有条不紊的人生

1. 新时代背景下的大学生活

当秋天到来的时候，玛莎·斯图尔特进入纽约巴纳德女子学院，开始了崭新的大学生活。那时的美国社会正经历着巨大的改变，这一时期被许多人认为是属于美国年轻人的十年。因为1946年至1964年间是一个生育高峰的"婴儿潮"时期，现在，第一波孩子已经到了上学和参军的年龄。

和过去的十年相比，原本农村经济为主体的格局逐渐趋于城市化，许多"运动"应运而生。人民权益得到保障，妇女和少数民族也获得更多权力，政府机构的体制也愈加完善。所以人们渐渐感觉到日常生活越来越有朝气同时也很舒服，但是社会挑战也日益加重。

到了玛莎上大学的时候，新的社会文化已经根深蒂固。这些变化包括性行为的开放、吸毒的泛滥以及风格各异的服装，这些都是真正的变化。与过去一直保守的主流生活方式有了天壤之别，同时，这也给许多家庭乃至整个社会带来了巨大的危害和压力。

对许多美国人来说，道德标准和宗教信仰始终是家庭内部以及社会内部矛盾冲突的核心。作为巴纳德女子学院的一名新生，玛莎也无法回避这些问题，他们一家人所信奉的波兰天主教并不是美国社会的主流信仰，而在当时，这些问题也对每个人都有着深远的影响。

与此同时，越来越多的年轻男女有机会进入高等院校深造，这是文化领域里一个里程碑式的标志，而这一势头还将持续整整十年。美国各地的大学校园每天都会上演一场又一场的革命，革命的重点就是呼吁民权、反战以及道德行为的规范和宗教政策。可以说，是学生在不断推动着美国社会的发展前进。

玛莎就读的巴纳德女子学院之所以闻名，是因为它是美国著名学府哥伦比亚大学的直属院校，学校的名字就是以原哥伦比亚大学的校长费雷德里克·巴纳德命名的。

像这样的高等院校，示威游行和反对种族隔离是他们主要的活动，那里的学生总是能够表达出对时代激进的政治观点。虽然这些活动就发生在玛莎的周围，但是她从来都没有参加过。就像高中时一样，玛莎唯一关心的就是自己的学业，取得优异的学习成绩是她大学生活中最重要的事情。

作为一个攻读艺术史的学生，玛莎为了省下住宿的钱，也为了照顾家里，她注册成了走读生，每天都舟车劳顿往返于学校和位于市郊的家中，她的时间总是很紧迫。除了要努力学习，保证优秀的成绩外，玛莎会在课余时间继续为高中时当模特的那家位于第五大道的博威特·泰勒百货公司工作。对她而言，保证一份收入是必要的，和保持学业优秀一样。

玛莎认为，努力学习是一件再自然不过的事情，但上大学确实是一种全新的经历，她要好好享受大学的氛围。然而，对学业有着超高标准的巴纳德学院很快就让玛莎忙碌得喘不过气来，即使像她这样学习认真刻苦的学生，也很难应付。玛莎从小生活在工薪阶层社区，和她一样的大学生少之又少，那里的年轻人根本上不起大学，所以在学业方面，没有人能给她很好的建议或帮助。

作为一名新生，玛莎每学期必须选修5门功课，在这个竞争激烈的学校里，想要获得全A的成绩着实不是一件容易的事情。在这样的压力下，再加上每天往返于学校和家中，还有兼职模特的工作，玛莎每天都忙得不可开交，根本没有时间参加校内外的社交活动。

玛莎大学生活的重点就是：学习、打工、走读。但是令人惊奇的是，玛莎只需要一点点睡眠时间就可以精力充沛，甚至在忙忙碌碌的生活压力下依然能取得进步。也许就是从这个时候开始，已经预示了她今后的生活，一个成功者，一个始终保持快节奏的魅力女人，而且将永远保持获胜的决心。

在第一个学期结束之后，玛莎决定从家里搬出来，因为她觉得走读会浪费自己很多精力和时间，她希望能用节省出来的时间去做更多的事，在这一点上她的父亲是赞同的。通过学校宿管办的帮助，玛莎得到了一份不错的工作，就是给两位住在第五大道的妇女当管家，她的工作包括做饭、打扫卫生以及跑腿。作为回报，她将有免费的一日三餐和非常可观的周薪，并且她还可以免费住在那里。

管家的工作对玛莎来说并不是很轻松，但是她的生活重心并没有改变，依然是认真学习和做兼职模特这两件事。和中学时一样，玛莎并没有因为进入大学就开始放纵自己，她的美貌和气质获得了不少帅气男生的青睐，但是她却很少和他们约会，这也是因为忙碌的日程让她根本没有办法把精力分散在这些事情上面。当然，还有一点就是，她有一个对她要求十分严格的父亲。

有时候，玛莎的同学安排她去见一些有"档次"的男生，她都会用各种理由推掉。那个时候最流行的社交聚会就是交谊舞会了，年轻的男生女生都热衷参加，因为那是人际交往的好场合。而刚上大一的玛莎仅仅参加过两次就不再去了。

玛莎的一位大学同学认为，玛莎对其他女孩只要有男人邀约就会出去的做法非常不赞同，她认为每个女孩在这方面都需要有所选择。实际上，玛莎大学初期就从未有过真正意义上的约会，在其他女孩狂热追求个人魅力的时候，玛莎始终坚持着自己的想法。

玛莎相信，如果为了让男孩约自己出去或是证明自己很受欢迎就把自己打扮得十分性感，那这样的女孩也就没什么魅力可言。她不屑于那些做作的行为，而是努力让自己八面玲珑受人欢迎。玛莎认为对女生来说尤其重要的是，想结婚必须先订婚。

对玛莎来说，嫁人就一定要风风光光，她清楚地知道自己能够在这世界上获得什么，而她也一直在追求自己能够得到的。玛莎希望自己未来的丈夫不但要有钱，还能够给她完美的生活方式。这样清楚地知道自己想要什么，也让玛莎不会去冒任何风险，她一定要让自己的人生计划得以实现。

2. 当模特的辉煌时期

玛莎在大学期间最主要的经济来源就是兼职模特的工作。她从高中开始就在百货公司里担任模特，进入大学后，模特经验也越来越丰富。同时，她的气质和眼光也变得越来越好，每当她穿上当季最流行的衣服站在橱窗里时，总是能吸引大批顾客购买。而她就像画报里走出来的人物一样，高雅又大方。

就这样，玛莎逐渐有了一些名气。大一第二个学期开始的时候，玛莎的经纪人又为她接到了两份新的模特工作，分别是去伯格多夫·古德曼精品百货公司和亨利·班德尔精品店兼职。要知道，这两家商店都是当时纽约市首屈一指的流行风尚标，同时也是社会各界有钱人士最钟爱的高档商店之一。

有了这两份模特工作，玛莎的收入比之前增加了一倍还多。这让她的生活质量提高了很多，而且她还有了自己的固定存款，她开始为以后的生活做打算。玛莎的母亲对此很赞成，觉得她简直就是新时代摩登女郎的典范，独立、坚强又有韧劲。

因为模特工作的关系，玛莎再也不用为衣服发愁，讨人喜欢的她总能从供货商那得到免费赠送的时髦衣物或饰品。有时，母亲和妹妹们也能享受到这样的福利，虽然只是偶尔的几次，但对于她们这样阶层的家庭来说，这些一直在橱窗里摆设的名牌服饰还是满足了女人的小虚荣。这也是玛莎能让家人开心的事情之一。

和高中时期一直穿手工缝制的衣服相比，大学的玛莎变得自信又有魅力，在校园里的长椅上，总能看到穿着丝质衬衫和小套裙的她在看书，那幅情景总是印进很多人的脑海里。她的时尚品位和见地逐渐让她变成同龄女孩中的翘楚，大家争相模仿她的穿衣风格。

对此玛莎感到十分自豪，同时也更加深刻地体会到社会地位的重要性，她不止一次地发誓，一定要过上好的生活。这也是她一直努力学习和工作的动力来源。

1960年，玛莎大学一年级的第二个学期，纽约市当时著名的杂志《魅力》举办了一场选美活动，这是一场面向全国的在校女大学生关于着装打扮的甄选。因为玛莎相信自己能够被选中，所以她报名参加了这次比赛。

参赛者需要拍摄两组不同着装风格的照片寄给杂志社，于是玛莎就请做模特兼职时认识的一个摄影师朋友帮她精心拍摄了两组服装照片寄了过去，两组照片分别是休闲装和职业装，玛莎认为这样能够全面展现自己的优势和魅力。

当年8月，玛莎收到杂志社的评选通知，她已经在众多的参赛选手中脱颖而出，被《魅力》杂志评选为当年全美国着装最得体的十佳女大学生之一。这一消息让玛莎兴奋不已，同时也让她看到了未来的希望，她知道这次评选会为她带来很多东西，声誉、金钱、机会等等。

《魅力》杂志在1961年的年度开学版面上发布了这一评选结果，年度开学版是最受大学生欢迎和关注的一期。杂志用了一整版的篇幅来介绍玛莎，刊登的照片正是玛莎拍摄的职业装。

照片上的玛莎穿着从朋友那借来的高档套装，戴着考究的皮质手套，脚踩着一双摩登高跟鞋，手臂上还挽着一只供应商赞助给她的昂贵的鳄鱼皮包，气质优雅，神态自如，迷人极了。

在对玛莎的介绍中，她被描述为是一个"活力四射"和"柔情万种"的妙龄女郎。她拥有一张高贵、不容复制的脸，过着开心的生活，有着高人一等的品位，此外她所攻读的艺术史专业也让她显得那么的与众不同，令人刮目相看，这一切都显示出她并不是一个"花瓶"。

杂志还着重介绍了玛莎的烹饪爱好，在那个一切都追求新鲜摒弃传统的年代，像玛莎这么出色的女孩竟然还会烹饪，这简直就是一个奇迹，所有这些让玛莎很快成为众多男性心目中的完美女神，这也是玛莎不同于其他9位入选者的地方之一。

在杂志评选中胜出所带来的影响对玛莎是深远的，想要获胜的女孩不知道有多少，全国各地的大学都希望自己学校的女生当选最佳着装女大学生。当玛莎入围决赛后，她遥遥领先于其他竞争者，当模特的经验帮助她战胜了她们。

玛莎为巴纳德女子学院赢得了一份颇有声望的荣誉，学院准备破例给予玛莎一次全额奖学金以示奖励。而玛莎简直就成了巴纳德女子学院的代言人，学院的形象也随之变得更加光辉，同时，许多正在为孩子择校的家长也因此关注到了巴纳德女子学院。他们都希望自己的孩子能进入巴纳德女子学院学习，也许她们会成为第二个玛莎。

玛莎已经成了在校女大学生的偶像，她的一举一动也备受关注。她的模特身价也随之水涨船高，经纪人为她接到了更多的商业活动，随后，她成为《时尚》《玛丽·克莱尔》《哈泼杂志》这些大牌杂志的特约模特，几乎期期都能看见她的身影。年轻的玛莎第一次感受到成功的喜悦，作为服装模特，她迎来了辉煌的时期。

玛莎的父亲爱德华十分高兴，他自己掏钱购买了很多本《魅力》杂志送给朋友和邻居，他希望大家都知道他有一个多么值得称赞的女儿。因为他认为玛莎一切的完美表现都源自他的严厉教育，尤其是当模特的决定，玛莎当初可是在他极力的鼓动下才开始涉足模特圈的。他为她感到骄傲，但是他也告诫玛莎要比以往更加努力，不能松懈。

其实在这个时候，还有一件对玛莎意义重大的事情，那就是她订婚了，未婚夫安迪是一个令她十分满意的人。也许婚姻对于还在读大学的玛莎有点早，但是一切又都掌控在玛莎手中。她始终清晰明确地知道自己要的是什么。其实单从结婚这件事情上就可以看出玛莎·斯图尔特是一个绝对勇敢果断的开拓者。

3. 丈夫安迪·斯图尔特

1938年2月8日安迪·斯图尔特出生在纽约，为了纪念他的外祖父，他被母亲命名为安迪。他是家里的第二个孩子，他的姐姐戴安妮比他大一岁。安迪的家庭可以算作中产阶级，他从小便衣食无缺。

安迪的父亲乔治·斯图尔特是纽约的证券交易所的经纪人，在那个时候能有这样一份体面的工作十分难得。乔治来自一个子女众多的俄罗斯移民大家庭，他们一家信奉严格的犹太教，虽然生长在那样的家庭，但乔治本身是个既开明又敢于尝试的人。

安迪的母亲埃塞尔·斯图尔特是一个性格直爽可爱的女人，不过有时也会说一不二。她身材纤细，举止优雅，在穿着打扮上十分现代，穿短裙、留短发。埃塞尔本身也是一个追求完美的人，如果她看到有人因为某些事情受苦，就会立刻关切起来，并尽可能地想办法帮助他，所以大家都很尊敬她。

另外，埃塞尔还是一位无比虔诚的基督科学派教徒，而她的丈夫乔治·斯图尔特却是一个从来不做祈祷的犹太人，尽管他来自虔诚的犹太人家庭。

埃塞尔特别热衷于家居装饰，她喜欢把家里装饰得漂漂亮亮的。甚至有一次，她买下了一整套公寓房，但不是为了自己居住，而是要对它进行再次装饰。

埃塞尔认为，除了自己的家人，没有什么比她装饰过的家更重要了，为此她感到非常骄傲。对于装饰，埃塞尔有着自己的见解，她从来不会抄袭别人的风格，她更注重原创性。

乔治和埃塞尔是一对公认的见多识广的夫妻，他们经常周游世界，他们的家也从一个地方搬到另外一个地方。如果谁告诉他们一个好玩或者适合居住的地方，他们会立即行动到那里旅游甚至把家搬过去。他们的亲朋好友觉得他们家一定很富有，所以才会有乔治周游世界的爱好和埃塞尔热衷装饰家居这样的事情。

因为父母的这些爱好，安迪和姐姐很难在一个地方待上很久并接受有规律的教育，他们总是间歇性休学，跟随父母远游。所以，他们姐弟俩的生活绝大多数时间是在动荡中度过的。他的姐姐戴安妮·斯图尔特·洛夫是一个开朗热情的可人儿，他们姐弟的感情非常好。

旅行对于安迪的父亲来说充满了趣味和吸引力，他可以通过旅行看到丰富多彩的人生。而安迪的母亲觉得旅行对孩子们的成长具有重要的意义，在开阔眼界的同时又能锻炼他们的独立性。最重要的是，她自己可以在旅途中或者在偏远的地方居住时，学到更多的装饰技巧。

安迪的父母在旅行上的花销的确惊人，他们在旅行时经常会去一家叫作雅典娜广场的酒店，这是一家以昂贵出名的酒店，他们不像其他游客那样，只住几天或者是几个星期，经常一住就是几个月，为的就是享受不同的人生。

受父母的影响，安迪和姐姐的性格都很外向，他们很早就对于宗教信仰和人生认知这类敏感又复杂难懂的东西看得很透彻，他们的眼界也随之逐渐增长。这样，他们的父母周游世界的目的也就达成了一半。

在纽约读完中学之后，安迪·斯图尔特前往位于佛蒙特州的普特尼高中就读。那是一所很棒的高中，占地面积很大，另外，学校还拥有一个农场。学生们在那里可以学到很多东西，安迪就是在那里学会了种地、盖房子，还有其他一些农活。安迪的高中生活很充实，也充满了美好的回忆。

1955年，安迪高中毕业，进入美国首屈一指的公立大学弗吉尼亚大学继续学习，在此之前，安迪曾把哈佛大学作为自己的志向，但是因为一些原因，最终他没有选择那里。

由于从小成长的环境十分宽松，包括跟随父母周游世界的经历，安迪的思想开放并且独立。可是他的大部分大学同学是保守派，他们穿夹克打领带，头发梳得一丝不苟。而安迪习惯穿工作服或是休闲的衣服，尝试新鲜有趣的事情。所以开始的时候，他为找不到志趣相投的朋友烦恼了好一阵子。

很快，安迪意识到，自己在普特尼高中的学习经历在大学里根本不值一提，因为想要在大学获得优秀的成绩必须靠努力和学习技巧。所以，他决定先忽略自己不适应大学生活这件事，一头扎进书堆里开始发奋读书。

显然，在人生哲学和外向性格这方面，安迪与学校格格不入，他只能从其他方面找自己感兴趣的事情来做。最终，他对宇宙论产生了浓厚的兴趣，并选修了哲学课程。在毕业论文的选题上，他为这门荣誉课程选择的主题是"人类的平等"。

大学毕业的时候，安迪获得了一个哲学学位。作为几个荣誉社团的成员，他还获得了学生社团总社赠送的礼物：一把象征荣誉会员的钥匙。这让安迪感到很自豪，因为这是对他才能和学识的肯定和认可。

1959年，美国对外战争频发，每当一年毕业季来临的时候，像安迪这样年龄的男孩首先都会考虑一个问题，就是会不会被征兵。如果被征兵，很有可能被派到东南亚的战场上，没有哪个年轻人想拿自己的未来和生命开玩笑。

安迪意识到，如果想要躲过服兵役，最好的办法就是继续上学，毕竟这个选择对他来说并不困难，因为成绩优异的他想申请任何一所高等院校继续深造都是很有胜算的。于是，安迪经过仔细考虑，申请了美国排名第一的耶鲁大学法学院，结果他被顺利录取了。安迪也终于不用再担心服兵役的事情了。

正是因为继续读书，安迪才有机会认识他日后美丽的妻子——玛莎·斯图尔特，也许缘分早已在冥冥之中注定。令人向往的美好的人生正向他开启，安迪绝对是个幸运且又令人羡慕的人。

4. 一见钟情的缠绵爱情

虽然安迪就读的弗吉尼亚大学是一所男女同校的大学，但是紧张的学习生活让他根本没有时间结交女孩或是出去约会。大学举办的联谊会安迪也很少参加，他总觉得自己的那个她没有出现。

为此，安迪的父亲建议他多多认识女孩，只有这样才能尽快遇见自己的那个她。但安迪并不将这件事放在心上，只是继续自己平时的生活。

正在巴纳德女子学院攻读艺术专业的姐姐戴安妮可不会像父亲那样只给安迪建议，她要充分发挥实干家的精神，一直努力为弟弟物色优秀的女生。

1960年春季的一堂艺术课上，戴安妮注意到了玛莎，这个腰身纤细、身材高挑、金发碧眼的大学新生，她的存在让一堂艺术课变得更加有吸引力。男生们总是时不时地偷偷打量她，可她丝毫不为所动。

戴安妮觉得这么出众的女生一定要介绍给弟弟安迪，在简单的了解过后，戴安妮告诉玛莎她有一个非常优秀的弟弟，问她是否有兴趣和他认识一下。玛莎表示很乐意认识优秀的人，所以她二话没说就把电话号码给了戴安妮。

安迪对姐姐形容的玛莎十分感兴趣，当天晚上就拨通了玛莎的电话，两个人决定马上见面。他们的首次约会非常顺利，玛莎对安迪一见钟情，第一次约会就坠入爱河。结束约会的那个晚上，安迪十分激动，他非常感谢姐姐的帮助，更为自己给这个漂亮的女孩打了电话而感到庆幸。

在此之后，安迪和玛莎又约会了几次，很快，他们就到了难舍难分的地步。这让安迪都为之吃惊，因为像玛莎这样梦幻的女孩从未拒绝过他的任何一个约会请求。实际上，情窦初开的玛莎根本不懂得女人故作矜持的那一套，她只是追随着自己的真心而已。

1960年夏天，安迪按照之前的计划，出国旅行了一段时间。在这期间，玛莎继续做管家和模特的工作，但这时的日子对她来说却是一种煎熬，她心里每时每刻都思念着安迪，热切地盼望他早些归来。

终于安迪旅行回来了，他们又开始了频繁的约会。到了秋天，安迪返回耶鲁大学继续攻读法学专业，而玛莎也回到巴纳德学院完成她的学业。没过多久，玛莎的业余时间不再用来做兼职模特和管家，她开始在周末时前往纽黑文看望安迪。

就这样，他们正式确立了恋爱关系，这也标志着他们的爱情进入了一个新的阶段。玛莎深深沉醉在甜蜜的爱情之中，她的同学朋友也都知道了她恋爱的这件事情，她们着实为玛莎捏了一把汗，因为她总是乐于给别人讲述她和安迪的爱情故事,以至于弄得无人不知他们两情相悦这件事。

不过玛莎当时最担心的是自己怀孕，所以她总是神经兮兮的。此外，她也一直在考虑自己是否真正爱安迪，是不是自己太过主动才让内心以为是爱他的。而玛莎在和安迪频繁约会的时候，她并没有告诉家人，确立恋爱关系也是她自作主张。想到父亲知道后的反应，玛莎还是十分担心的。

首先，玛莎一家是不折不扣的天主教信徒；其次，玛莎和安迪的成长过程和环境截然不同，她与安迪的精神层次和知识领域也不相同，这些差异也是玛莎无力改变的。

但是不管怎样，玛莎确信安迪就是自己心中的理想伴侣，他幽默风趣、懂得体贴、见多识广又富有内涵。另外，帅气的他又在耶鲁大学这样的名牌学府读书，还有什么比这更完美的呢？

玛莎相信安迪一定出生于富裕的家庭，他的父母似乎很有钱，因为安迪总给她讲他们全家周游世界的经历和遇到的故事，他们还住在曼哈顿的大房子里。这些都是玛莎不曾接触过的生活方式，但却是从小在新泽西纳特利成长的她一直期望过上的生活。

所以，嫁给安迪就意味着玛莎可以获得梦寐以求的财富和生活方式。她决定把安迪作为结婚对象来相处，玛莎觉得幸福正在向她招手。

到了这一年年末的时候，玛莎决定带着安迪前往纳特利的家中正式拜访自己的父母和家人。这是安迪第一次见到科斯蒂拉一家。

玛莎的母亲和兄弟姐妹对安迪的到来表现出极大的热情。但是不出玛莎的预料，她的父亲爱德华对于他的大女儿瞒着自己约会、恋爱，甚至已经到了登门拜访的程度非常气愤。

爱德华想方设法找理由训斥安迪，弄得他非常尴尬。而爱德华的这种态度引发了科斯蒂拉家庭的一场"内战"。以玛莎母亲为首的这一派支持安迪和玛莎的感情，而孤立的父亲始终坚持自己的观点：安迪配不上玛莎。

玛莎的小弟弟后来回忆说："那是一场有趣的会面，安迪就像一个刚进入大学的学生，穿着连体工作服，紧张地搓着双手。他羞涩但坚定地恳求我父亲允许他向我姐姐求婚，我们当时都吓坏了，躲在厨房里，但时刻关注着客厅里两个人的谈话，因为谁也不知道接下来会发生什么。"

爱德华对于安迪诚恳的请求不是没有动心，但是不知道为什么，他总是认为自己家好像有贵族背景一样，玛莎可以找到更好的归宿。但是自主独立的玛莎没有向父亲妥协，她得到了来自母亲和其他家庭成员的安慰和鼓励。

玛莎的母亲非常喜欢安迪，她也希望安迪能够成为他们家庭的一分子。她还记得复活节那天安迪和他们一家共进晚餐的情形，还有他对科斯蒂拉一家送上的鸡蛋祝福——祝愿他们好运连连和身体健康。

总之，玛莎的母亲有一种感觉，她的女儿玛莎清楚地知道自己在做什么。她也为玛莎能找到这样的好男人感到高兴和祝福。

得到了除父亲以外全家人的赞成，玛莎安心地和安迪相处。她觉得自己就像童话里的灰姑娘一样幸运，而安迪就是她的王子，所以，她要牢牢抓紧现在的一切，努力让自己幸福。

5. 坚定不移的心意——结婚

1961年2月，玛莎结束了管家的工作，搬到了哥伦比亚大学的宿舍里。经历了9个月的相处之后，安迪终于向玛莎求婚了。他的这一举动并不突然，因为他觉得这是水到渠成的事情。但是玛莎的回复是，他们的年纪都还太小，结婚对他们来说为时尚早。

另外，玛莎的模特事业前景一路看好，她很有可能被一家法国著名杂志选中去巴黎当模特，她想在模特行业中做出一番事业，如果结婚的话，计划很可能会被迫中断。

安迪知道，一旦玛莎去了巴黎，他们的关系就有可能会结束，也许他再也见不到她了，安迪为此忧心忡忡。他清楚地知道自己的感受，他爱玛莎，他要玛莎成为他的妻子。有了这样坚定的想法后，安迪鼓足勇气决定说服玛莎嫁给自己。

就在一个周末的早晨，安迪迫不及待地驱车赶到纽约，好像再晚一刻玛莎就要飞走似的。他站在玛莎的宿舍楼下面，局促不安，因为玛莎根本不知道他来的事情。最后，安迪捡了许多小石子，一颗一颗地往玛莎宿舍的窗户上扔，希望能够引起她的注意。玛莎的舍友发现了他，没过一会儿，玛莎穿着浴袍偷偷溜出了宿舍，出现在他的面前。

安迪很激动，他语无伦次地说了很多话，可是他觉得女生宿舍楼下并不是求婚的好地方，所以他开车载着玛莎去了中央公园。

安迪不停地劝说玛莎，请求她嫁给他。车子在公园外不知道兜了多少圈，玛莎还是没有给他一个确切的答案。安迪只得沮丧地把玛莎送回学校。在返回纽黑文的路上，安迪很失落，他已经做好了玛莎会离开他的准备，毕竟当模特是玛莎一直做得很好也很乐意做的一件事情。

对于安迪特地从纽黑文赶到纽约来向自己求婚这件事，玛莎其实非常感动，安迪的真诚和浪漫让她不能视而不见。她不得不重新考虑自己原本的计划，如果去巴黎，她必定会和安迪分手，但是如果那里不是自己想象中的样子，她还能再回来找安迪吗？玛莎非常珍惜和安迪的情缘，同时也不想伤害他。

反复考虑了几个星期之后，玛莎最终决定不去巴黎了，她接受了安迪的求婚，但是有一个条件就是，安迪必须无条件支持她的模特事业。这对已经失去信心的安迪来说，简直是天大的喜事，就算玛莎要他答应一百件事，他也会全部答应。

3月初，安迪和玛莎瞒着父母订了婚。在得知他们订婚的消息后，玛莎的父亲爱德华怒不可遏，他认为玛莎的脑子一定是进水了才会做这种决定。他还扬言一定要拆散这对情侣。

爱德华一直喋喋不休地劝说玛莎,告诉玛莎结婚会毁掉她的光明前程,并且还以自己为例说明婚姻对一个人的束缚是多么恐怖,选择婚姻就是放弃自己的潜在能力。

玛莎对父亲的话不以为然,她既然选择了安迪,就决定继续前行,这就是玛莎的性格,认定的事情只会向前走,绝不退缩。况且,结婚也是她仔细考虑后的决定,安迪的诚实、深情都是打动玛莎的关键所在。

爱德华对于大女儿的婚事不满的另一个原因就是安迪不是天主教信徒,这在他眼里是非常严重的事情,但也仅仅是在他的眼里。不管怎样,这已经不是他能改变的事情了。

玛莎的母亲并不排斥安迪,她知道安迪不是被女儿的美貌所打动,而是被女儿的智慧和勤奋所吸引,这才是玛莎与众不同的地方,也是玛莎的母亲支持这桩姻缘的原因。

关于宗教方面,玛莎的母亲认为,尽管安迪是犹太人,但她知道安迪的母亲是基督教科学派的信徒,而他父亲是犹太教信徒,却不做祈祷。这说明他们都是好人,她觉得这是一种珍贵的缘分,他们两家会很好地融合在一起,她欢迎他们全家。

事实上,宗教信仰的确不是玛莎和安迪担心的事情。在以后的日子里,安迪的家人都接纳了玛莎,并且经常一起参加重大节日的庆祝,她也为自己能够成为他家庭的一分子感到高兴。安迪的父亲幽默豁达,安迪的母亲教给玛莎很多家居装饰和文物的知识,这些都是玛莎非常喜欢的相处方式。

1961年7月1日,在只有少数直系家人和亲友的见证下,玛莎·斯图尔特和安迪·斯图尔特在哥伦比亚大学圣保罗教堂举行了简单的结婚仪式。耐人寻味的是,玛莎在婚礼上迟到了,这样的举动连她父亲都感到非常生气。

也许是出于对婚姻的恐惧，也许是还没有真正准备好，玛莎迟到了。在步入教堂前，玛莎一直故意拖延时间。婚礼音乐演奏了一遍又一遍，安迪也焦急地踱来踱去。不过玛莎总算没有成为落跑新娘。

结婚的礼服是玛莎和母亲亲手做的，款式是玛莎自己设计的。为了做一顶平顶筒状礼帽，母女俩几乎用尽了平时省下的布料。发给亲友的请柬也是玛莎自己写的明信片。这些东西虽然很简单，但对她来说有着非比寻常的意义。

至于嫁妆，科斯蒂拉家实在拿不出什么像样的物件传给女儿，玛莎为此有些难过，虽然她清楚家里的情况。由于她的父亲爱德华极力反对这桩婚事，他连女儿新婚的床上用品都没买，显然，这是女方应该置办的东西。不过好在安迪一家对此没有表现出不满。

当玛莎手捧着一束雏菊，和安迪面对面站在神坛上时，那幅画面美极了。安迪望着自己美丽的新娘，激动得快要不能呼吸，因为玛莎就像维纳斯女神一样高雅清新。即使很多年以后，安迪也能清晰地回忆出玛莎在婚礼上的模样。

安迪和玛莎的蜜月旅行很短暂，他们为了节省更多的钱并没有去很远的地方，只是在康涅狄格州靠近纽黑文的几个城市转了转。

很快，这对新婚夫妇又投入到忙碌的工作生活中去了。那个夏天，他们借住在一位朋友的公寓里。玛莎依旧去当模特，而安迪在纽约的一家律师事务所当书记员。他们即将开始的人生充满了挑战，但是他们充满信心。

第三章 人生旅程的开启

1. 新婚生活的苦与甜

秋天到来的时候，安迪和玛莎将要回到各自的学校继续学业。但由于安迪法学院的学业只剩下一年的时间，而这对新婚夫妇暂时又不想分开，所以和当时的很多女性一样，玛莎决定中断一年学业，全力以赴支持丈夫。她准备在安迪结束学业后再回到巴纳德学院完成自己的本科专业。

安迪非常感谢妻子为他做出的牺牲，同时这也成了他的动力，他发誓一定要努力给玛莎创造美好的生活。

他们在康涅狄格州的吉尔福德郊外租了一间房子，因为那里靠近纽黑文和耶鲁大学法学院，这样可以方便安迪顺利完成他的第三年学业。对于还是学生的安迪和玛莎来说，新婚生活很愉快。他们彼此相爱，彼此信任，互相支持对方。

但是很快，现实的问题接踵而来，安迪还在上学，没有经济来源。而纽黑文并不是时尚中心，这里可做的模特工作少之又少，所以玛莎的收入也没有之前那么多，根本不够这个年轻家庭的开销。

安迪向父母求助，却遭到了严词拒绝，理由是，他已经是个结了婚的成年男子，必须自己担负起家庭的重任。最终，父母也没有对安迪施予援助，这令安迪感到非常难堪，他不知道应当怎么向玛莎交代。

玛莎虽然能够理解安迪父母的心意，但是对于他们的吝啬还是感到不满，甚至有些失望，这和她想象中的富人家庭的做法不太一样，这也是她第一次对丈夫的家庭产生了怀疑，自己嫁的到底是不是豪门。

玛莎的收入全部用在支付房租和日常生活的花销上，很难攒下什么钱，更别说去消遣娱乐了。所以很长一段时间内，他们的情况极为窘迫，他们不得不到玛莎的父母家里蹭饭，实际上，这并不是十分容易的事情，他们必须面对玛莎父亲爱德华虎视眈眈的眼神，他可不希望女婿来他家吃白食。

玛莎和安迪想尽各种办法维持生活，终于坚持到安迪顺利完成耶鲁大学法学院的学业，随后，他们回到了纽约市。由于经济上还没有完全独立，他们只能在哥伦比亚大学附近和别人合租一套小公寓。但是公寓的环境实在惨不忍睹，房子破旧不堪，到处都爬着蟑螂和潮虫。

这令一直追求生活品质并且还有点洁癖的玛莎不能忍受，这间公寓让她厌恶至极，甚至到了恨之入骨的地步。公寓一共有三个房间，他们的邻居既有蓝领工人，也有大学生。直到很多年以后，玛莎回忆起这间公寓时仍然耿耿于怀。

为了让自己适应这样的居住环境，玛莎把他们的小家布置得非常温馨，这是她的专长。她经常逛旧货商店，因为她总能淘到一些不错的东西。看着妻子像变魔术一样把破旧的公寓布置得这么舒适，安迪很骄傲，就连对家居装饰很有发言权的安迪的母亲都赞不绝口。

此外，玛莎还在窗台上种满了花草，无论从窗户里面看还是从外面看，都很赏心悦目。这也正是玛莎的能力所在，她拥有的每一件东西都是她辛勤劳动得来的，她让生活变得更加美好，即使是在困境之中。

公寓里唯一让玛莎满意的就是浴缸。那里的浴缸很长很大，足以让玛莎整个躺在里面。而洗面池上的托架台面很大，有足够的空间放玛莎喜欢的漂亮碗盆，里面装满了棉花球和洗漱用品。对她来说，最惬意的时光就是一边泡澡一边喝红酒，这样的享受让玛莎稍感安慰。

1962年秋天，玛莎·斯图尔特重返巴纳德女子学院继续学业，同时仍兼职做模特。而安迪则决定继续攻读哥伦比亚大学的法学硕士学位，并且在一家律师事务所里做兼职。

这个时候，玛莎和安迪的经济情况有了好转，手头也宽裕了不少。在安迪母亲的指导下，他们对文物古玩产生了浓厚的兴趣。周末一有时间就会去参加文物拍卖会或是去古玩店寻宝。

玛莎总是希望能够很快地寻觅到她喜欢的文物，她向安迪的母亲专门请教了一些相关的知识。她和安迪开始走访东北部地区的农庄，那里有一个叫作尼亚克的村子，里面有一个著名的文物古玩市场。

玛莎和安迪乐此不疲地在文物市场里转悠，玛莎时不时拿起一件文物仔细研究，过不了多久，这件文物就会出现在他们家中。凭借着安迪母亲教授的文物知识和玛莎自己的购买经验，她很早就学会了去拍卖行竞拍。

那个时候，玛莎就已经是拍卖行的常客了，尤其是最古老也最具权威的索斯比拍卖行。因为玛莎锐利的眼光和果敢的勇气，她在文物拍卖这件事情上赚了不少钱，这样，他们夫妇手头可以流动的钱就越来越多了。

1964年1月，安迪取得了硕士学位，而玛莎的学业也即将完成，只剩下一篇论文就可以拿到她的文学学士学位。为了庆祝他们各自的成就，安迪夫妇决定去欧洲旅行一次。

这次旅行也是为了弥补玛莎和安迪的蜜月之旅的遗憾，他们尽情享受着二人世界的甜蜜。在旅途中，玛莎品尝了许多美食，她对它们的做法非常关注，这也是玛莎的习惯之一，对于关心的事情会投入极大的热情和认真。

在回国的途中，因为有了这次旅行的经历，玛莎顺利地完成了论文。4月份的时候，她从巴纳德女子学院毕业，获得了艺术史学士学位。

离开校园后，玛莎将全部精力都放在模特事业上，安迪则继续在他兼职的律师事务所里工作，但这次他转为了全职，同时准备考取律师资格证。

安迪夫妇在一个能看到美丽河景的地方租了一间公寓，这间公寓一共有6个房间，环境十分幽雅，但每月的房租却高达250美元。

这远远超出了他们当时的承受能力，但是玛莎和丈夫坚信，他们一定能够挣到更多的钱，所以住在这套房子里是理所应当的。小两口享受着他们喜欢的工作和生活，这样的时光对他们来说是弥足珍贵的。

2. 暗淡的模特道路

自从玛莎考入巴纳德女子学院之后，她的模特之路就一片光明灿烂。拍广告、上杂志、当橱窗模特，还有后来当选"最佳着装"女大学生，这一切都再平常不过。

玛莎的自身优势，再加上她的刻苦努力，才让她得到了这些机会和殊荣，所以玛莎对她的模特事业充满希望和信心，她也把成为一个职业模特作为自己的奋斗目标。

从巴纳德女子学院毕业后，她将生活的重心都放在模特事业上，发誓一定要在短时间内，在纽约的模特圈里闯出属于自己的一片天空。

可是现实往往令人失望，玛莎发现自己在纽约做模特的机会正逐渐减少，这让她有些恐慌。究其缘由，很重要的一个原因就是她的已婚身份，那个时候，单身的妙龄女郎永远是人们追逐的焦点，身价也远比已婚的模特高出许多，玛莎的经纪人在她结婚之后就很难帮她接到像大学时一样顶级的模特工作。

另外，因为玛莎之前曾离开过纽约一年，搬到纽黑文帮助丈夫完成学业，在这段时间里，她和一直工作的几家百货商店还有杂志社都失去了联系。而在这个行业里，从来都不缺少年轻貌美的女孩，她们就像雨后春笋一样茂盛。

当玛莎再次回到纽约的时候，很多之前的工作都有了合适的人选替代她。她所失去的这些工作机会可是她一直努力并坚守的，这让玛莎有些懊恼，甚至对安迪有了些许抱怨。

玛莎只能从头再来，她整天奔走于模特经纪公司、杂志社和各大百货商场之间。可是从头再来谈何容易，模特的工作机会是有限的，而优秀的女孩却是层出不穷的。

虽然玛莎已经非常努力了，但是她在模特界的地位还是如同黄昏时的落日般摇摇欲坠。玛莎此时第一次对自己的人生目标产生了怀疑，她不知道自己是否要继续前行。这样的想法甚至让玛莎产生了一丝恐惧，要知道，以前的她从来都没有产生过这样的疑惑，曾经的她只是选定方向，然后坚定地走下去，仅此而已。但是，这一次，还可以这样吗？

其实，从20世纪60年代开始，美国模特界的审美和倾向就发生了巨大的变化。在此之前，像玛莎这种气质高雅迷人、身材纤细均匀，形象健康甜美的女孩是模特界和广告界的宠儿。

但随着时代的推进，时尚风潮的改变，设计师们越来越推崇"骨感美"，他们说那种瘦到皮包骨头的感觉更能激发他们的创作灵感。

不仅如此，"美国式甜心"的长相也不再那么吸引人们的眼球，狂野、冷艳、独具魅力的长相开始受到人们疯狂的追捧。从前高贵优雅、简洁大方的套装也不再是现在的时尚主流，衣不蔽体的轻薄衣衫登上了时尚舞台。

对于这样的变化，玛莎不能理解，更不能接受，因为这和她追求的美和生活方式完全是天壤之别。即使她有高挑的身材，娇颜天成，还有高中和大学时代的美名，但是现在，这个市场却不再需要她了。

可是，玛莎也不想就这样轻易放弃自己的梦想。成为一个名模，漫步在时尚世界的天桥上是她一直努力在做的事情，名气和金钱是她渴望的成功，她觉得不应该放弃自己的追求。

玛莎觉得，不论审美怎么改变，模特界都会有自己的一席之地。有了这样的想法后，她和丈夫安迪商量，她要去时尚之都巴黎发展自己的模特事业。

安迪虽然不愿意和妻子分离，但是他清楚自己无法阻止玛莎追寻梦想的脚步，所以只能选择默默地支持，这也是当初玛莎答应嫁给他的条件。

没有任何束缚，玛莎不远万里来到巴黎寻求模特工作，为的就是能在这个时尚世界的顶级舞台上得到曝光和展示自己的机会。但是事情却出乎玛莎的意料，她在那里滞留了一个多月，竟没有找到一份合适的模特工作，无奈之下，她只能返回美国。

虽然这段经历并不如意，玛莎也感到疲惫和沮丧，但是她并没有气馁，而是重整旗鼓，下定决心要在纽约取得期望的成功。

那段时间，玛莎几乎是一天跑好几家模特公司，她不断地推销自己，希望有机会站到T台之上，为时尚设计大师走台。但是她得到的回复几乎都是不需要她这种类型的模特或者是她不够"瘦"。

即使有那么一两家留下她的信息，告诉她说会考虑看看，最后也都不了了之。玛莎感到一种前所未有的绝望，虽然安迪一直安慰并鼓励她，但她还是无法从这种感觉中脱离出来。

实际上，玛莎也从未有过除了模特之外的梦想，确切地说，她不知道如果不做模特她还能做什么。毫无起色的模特工作让玛莎的收入大打折扣，她的生活品质开始下降，可是她仍然不想放弃模特这条道路。

1965年初，玛莎已经23岁了，正是青春年华的最美的时候，但是在"出名要趁早"的模特圈里，她已经不算是一个新人，而模特的工作依旧没有什么起色。就这样庸庸碌碌地工作了一段时间后，玛莎发现自己怀孕了。

这件事彻底打乱了她的职业规划，如果生孩子的话，玛莎就必须暂停模特事业一段时间，身材也有可能因此走样，玛莎无法想象到时候自己将要面对的又是怎样的一个模特圈。

在孩子的问题上，玛莎还是做了一番挣扎取舍，但不管怎么样，她和安迪还是对即将为人父母感到兴奋，随后，她将这个喜讯告诉了亲朋好友。他们很快就做好了迎接孩子到来的准备。

虽然，为顶尖的时尚设计大师走台当模特仍然是玛莎的理想，不过，这一切要等到她的孩子降生之后再继续进行。

3. 另一种幸福

为了迎接新生儿，玛莎和安迪决定在他们纽约的公寓里腾出一间婴儿房，并且精心装饰。连玛莎的朋友都认为，如此精心地准备婴儿房，恰好和玛莎的爱好不谋而合，因为她非常喜欢装潢设计，所以为了新生儿的到来她做了尽善尽美的安排。

1965年9月27日，玛莎·斯图尔特在经历了一个还算顺利的妊娠期后，她和安迪一起迎来了女儿亚历克西斯·吉尔伯特·斯图尔特的诞生。宝宝的名字是以玛莎祖母的名字来命名的，安迪和玛莎决定叫她莱西。

因为玛莎在怀孕期间非常注重饮食的合理，加上她之前一直保持的纤细身型，所以她的身材在生产之后并没有太大变化，而且因为当了母亲变得更有韵味了。

在女儿莱西出生后不久，玛莎就迫不及待地想要恢复自己的工作。这也多亏了玛莎家的新管家，一个新人女演员，她和他们同住在一栋楼里，她不但帮助玛莎料理家事，还顺带照看孩子。

有了得力的新管家的帮助，玛莎没有任何顾虑。她下定决心要重新投入到模特的工作中去，于是开始寻求新的工作机会。

恰好那时候，强生公司要拍摄一则广告，主题是年轻妈妈和她们的漂亮宝贝。当时颇有名气的摄影师保罗·埃尔分贝恩负责这次广告的拍摄和选角工作。

他的制片助理在仔细查阅一个又一个模特的照片时发现了玛莎，并被她甜美的外表和自然的神情所吸引，助理随即将玛莎的照片推荐给了保罗，保罗也十分喜欢玛莎那种浑然天成的气质。

当保罗得知这位身材高挑的美女刚好有一个小宝宝的时候，他简直喜出望外，于是立即与玛莎取得了联系，商谈有关为强生公司拍摄广告的事情。

玛莎知道这个消息后高兴极了，首先，这份工作的报酬很高；另外，如果她为强生这样的大公司拍摄广告的话，那她以后的模特之路将会顺畅无比。玛莎很珍惜这次机会，为此她做了很多准备工作。

一直以来，玛莎都是独自面对摄像机、拍照片，而这次的广告则要和自己的宝贝女儿一起进行拍摄，一起做自己最喜欢的工作，压抑许久的玛莎感觉前途一片光明，好像是在瞬间变成了世界上最幸福的女人一样。

玛莎很快就把这个好消息告诉给了自己的亲人朋友，大家也都为她感到高兴，纷纷为她出谋划策。距离广告拍摄还有一段时间，所以大家都聚到一起帮玛莎母女设计广告的拍摄动作。

女儿还只有几个月大，一会儿哭了，一会儿饿了，一会儿又要睡觉，要她配合妈妈玛莎拍广告还真是有点难度，常常是把大家弄得哭笑不得。不过，自从女儿出生，玛莎还是第一次和女儿这么亲近地玩在一起，母女两个的感情也增进不少。

等待的日子总让人感觉很漫长，终于到了拍摄的日子，玛莎带着女儿莱西早早就赶到片场，安迪还特意请了一天假来陪她们母女。

曾经那么熟悉的环境、环节，可就在等待开拍的时候，玛莎还是感到心一阵阵地狂跳，手也开始冰凉，她既激动又感慨地握住了丈夫的手，安迪对她回以肯定和安慰的眼神。玛莎又吻了吻还在睡着的女儿的额头，然后做了几次长长的深呼吸。

虽然久别舞台，但玛莎的专业素养依旧，她很快就调整了状态。开始拍摄后，玛莎表现的感觉和神情非常到位，这也让在场观看的广告商很满意。女儿莱西似乎知道今天的拍摄与之前的不同，也有非常好的表现。

试拍了几组照片后，广告商让玛莎先回来了，他们需要再商量一下然后通知她。拍照很顺利，玛莎也没多考虑，就回家去等消息。

第二天，玛莎一早就接到了电话，和预想的不一样，电话里的那个声音不是通知她试拍通过，而是委婉的拒绝。那个声音说，他们需要一个金发碧眼、皮肤光滑圆润的小孩，莱西不符合强生宝宝的理想形象，所以这次的广告给了另外一对模特妈咪宝贝组合。

光辉亮相，黯淡收场。玛莎平静地听完电话，一个人坐了很久，眼泪不知不觉地流了出来。她从第一次接触模特工作一直回忆到现在，想到自己这么长时间的梦想，成为超级名模，穿着世界上最著名的设计大师的作品走在受人瞩目的T型台……不管生活怎么艰难，她都不想放弃的，可这次……

玛莎来到女儿身边，想着这段日子和女儿的亲近。她抱起熟睡的莱西，亲亲她的小脸蛋，却莫名地有了一种释怀。她抱着莱西在这样一个安静、明媚的早晨里到处走着，才发现这其实也是一种幸福。

想到那些声名远扬的名模个个都比自己高，身材也比自己更瘦，看上去也更有异国情调，玛莎不得不承认也许早就应当放弃这个"事业"。虽然，现在不得不接受这个现实对她来说并不容易，但是，这次也许就是一个好机会，让自己可以彻底地不再去想模特这条路，而是努力寻找新的方向。

一直关心玛莎母女这次广告的朋友们也很快知道了消息，都很担心玛莎的情绪，不过，当朋友们再次来到玛莎家的时候，玛莎却是出乎意料的乐观。她向朋友们分享了自己经历这件事后的感想——和女儿一起告别自己的模特之路非常幸福。

玛莎笑着表示，虽然成为一位超级名模是自己一直的梦想，但是这一次拍摄的失败，让她明白了生活中并不是只有梦想，有时候将时间分给家人一些，或许将收获另一种幸福！

4. 惬意的家庭生活

早在女儿出生之前，玛莎和安迪就看中了位于马萨诸塞州西部伯克希尔山脚下的一所19世纪风格的校舍，那里靠近米德菲尔德市。女儿出世后，安迪夫妇终于下定了决心买下那里。

买下这间旧校舍一直是安迪夫妇的心愿，他们希望能够在周末的时候到这里度假休息。然而令他们没有想到的是，这里竟然成了他们"噩梦"的开始。

新家既没有自来水管道也没有地下道，生活非常不便，他们不得不到附近的一个小溪里去费劲地提水，以便用来洗漱和做饭。

玛莎和安迪当时并没有意识到房屋翻修将会是一件耗时耗力的巨大工程，同时他们也没有意识到，这项浩大的工程不但让他们付出了辛苦的劳动，而且还严重伤害了夫妻感情和正常的家庭生活。

事实上，安迪夫妇花费了将近5年的时间才彻底完成了房子的装修，而且，翻修房屋的过程既漫长又艰辛。

为了买下这栋被命名为米德菲尔德的房子，夫妇二人花光了他们的所有积蓄。所以在修葺房屋上，他们只得亲力亲为，因为他们已经没有多余的钱再去请帮手了。

几乎每个周末，玛莎和安迪都要把他们那辆旧奔驰塞得满满当当的，驱车200多公里，从纽约赶到那个新家。每次都是周五的傍晚出发，周日的深夜才回到纽约家中。

这令他们身心俱疲，两个人都恨不得尽早完工，因此，他们根本顾不上房子完工时是否能够达到他们期待的样子。吵架更是家常便饭，不是为了谁该做什么活儿，就是对装修的方式方法产生分歧。

虽然有很多不顺心的事情，苦中作乐的玛莎和安迪倒也学到了很多。安迪自告奋勇当起了木工和管道工，甚至还亲自动手去挖沟渠。玛莎也是身兼数职，既是粉刷匠又是园艺设计师，还当起了大厨，俨然是样样都能露几手。

每到周日晚上回到纽约时，玛莎和丈夫总是会给朋友们带上沉甸甸的新鲜农产品，这也是唯一令他们感到自豪和满足的事情。

就这样经过一段时间的忙碌生活之后，玛莎拿定主意，决心不再去追求她的模特梦。她要着重锤炼自己本来就不错的烹饪手艺和待客之道，而且自己非常喜欢宴请宾客，多年来也为家人和朋友操办过不少聚会。

玛莎认为，把自己的美味佳肴出色地展现出来很重要。为了促成这个新的人生方向，玛莎开始向这个行业内的许多老资历的专家虚心请教。

玛莎有了自己全新的偶像，那就是鼎鼎大名的大厨茱莉亚·乔德，玛莎是她的烹饪节目的忠实观众，准时收看，从不会错过。只要一有空闲，玛莎会把茱莉亚·乔德的《法国大餐的烹饪要诀》放在手头，一页页研究，从而悟出自己的烹饪秘诀。

玛莎被茱莉亚·乔德的法国菜烹饪技法所折服，同时也激发了她的自信心，她要勇敢尝试一切新东西。

在掌握了更多美食的烹饪技法以后，玛莎开始在曼哈顿河滨大道的公寓里举办活动。刚开始的时候，她只是邀请亲朋好友以及安迪律师事务所的同事们，活动大多数是家庭式的鸡尾酒会或是晚宴。

渐渐地，经验越来越丰富的玛莎不再满足于十几人的小聚会，她的晚宴越发奢华壮大，动不动就会邀请八九十人到场。

1965年12月，玛莎举办了一场别开生面的派对，这也是她宴飨宾客以来，场面最为宏大的一次。玛莎在发出去的邀请函上这样写道："圣诞圣歌，鸡尾美酒，美食款待。"

玛莎花了好几个星期的时间筹办这场活动，因为这个派对不只是为了欢庆圣诞，更是为了庆祝她的宝贝女儿莱西来到这个世界上。

因为这些成功的主题宴会，玛莎很快就声名鹊起。更值得高兴的是，玛莎的烹饪手艺也日益纯熟，同时，她也开始定期设宴款待他人。

在这样的宴会上，宾客们可以畅所欲言，其中不可避免地会讨论到当时的社会情况。在那个跌宕起伏的20世纪60年代中期，美国人的生活也正在发生翻天覆地的变化。

安迪总能很轻松地参与到这些谈话中去，比如，敏感的越南问题，他总是高谈阔论，有时候甚至争得面红耳赤。但是对于这些问题，玛莎却是一点儿兴趣也没有。

在外人眼里，玛莎不仅时尚大方、思想超前，而且对于她感兴趣的话题随时都能发表见解。但是，她对于当时的政治问题或者学术研讨没有丝毫的关注。相反地，她更愿意利用富余的时间去推动她自己和丈夫的事业。

对于玛莎而言，她举办的派对，提供给大家的美食，这些向宾客们所展示的东西才是最重要的，她为此感到快乐。同时，她喜欢并享受这样的生活方式，宴飨宾朋，惬意生活。

5. 立足华尔街

时间飞快，女儿莱西已经开始牙牙学语了，这个时候玛莎意识到自己需要一份新的人生事业。尽管宴飨宾客的生活让她愉悦，但是她也充分认识到拥有一份稳定的收入是多么重要。

安迪在一家出名的律师事务所工作，收入很可观。可是如果安迪夫妇希望继续保持这种对他们来说很重要的生活方式，那么他们就需要赚更多的钱。

在当时，玛莎压根儿没有想到，自己款待客人的经验、精湛的厨艺、侍弄花草和装饰布置家庭的本领完全可以赚钱。

玛莎将目光对准了华尔街的金融世界，因为股票和证券如洪流般席卷了纽约。有一份有保障的高薪工作成了她最新的目标。

因为这个时候，玛莎已经认清了一个事实，无论是丈夫安迪的家庭，还是他父母可能会留下来的那么一丁点遗产，都不可能让她过上梦寐以求的生活。

既然如此，现在唯一可靠的就是自己拼搏事业，她要到华尔街去买卖股票和证券，以赚取她人生的第一桶金，她感觉大把大把的钞票正在向她招手。

1968年8月，经过了努力刻苦的学习之后，27岁的玛莎通过了证券经纪人资格考试。通过一个朋友的安排，她认识了她的老板伯尔伯格·莫内斯。

莫内斯至今对这次见面的情形记忆犹新，他的第一感觉就是："这个女人很精明，她一定适合销售。"同时他也惊讶于玛莎的美丽和聪慧，并称赞她不仅气质迷人，口才更是了得。莫内斯相信没有玛莎卖不出去的东西，因此在短暂的交谈后，他毫不犹豫地雇用了玛莎。

其实玛莎之所以能够这么坚决地投身华尔街，除了她对金钱的需要外，还有一点就是安迪的父亲乔治经常鼓励她要成为一个像他那样的证券经纪人，所以玛莎一头扎进了这个高强度快节奏的金融世界。

在玛莎被录用的时候，伯尔伯格·莫内斯的公司刚刚成立不到三年，规模尚小，也没有什么名气。华尔街上那些老资历、声名远扬的公司做起生意来驾轻就熟，客户与其打交道会更加信任而且舒服。

相比之下，玛莎加入的这家小公司却是雄心勃勃，渴望成功，他们要求雇佣的员工也必须适应这种模式。玛莎动力十足并且充满信心，要知道她的人生第一位导师——她的父亲爱德华已经教给她很多有关销售的经验。

在玛莎开始证券经纪人生涯的时候，这个行业中的女性从业者简直就是凤毛麟角，她的同龄人和朋友大多在家里照看孩子做家务。

此外，在玛莎前进的道路上还有很多障碍，20世纪60年代后期的美国乃至整个世界都在经历着波澜起伏的局面，尤其是在美国，马丁·路德·金的精神领导和总统约翰·肯尼迪遇刺引发了社会的动荡，各种势力的游行遍布全国。

诸多的因素影响着华尔街的经济走势，对于投资者来说更是一个艰难的时期。如果想要在证券经纪人这个激烈竞争的行业里出人头地,那么就必须要勤勤恳恳,不畏艰险,甚至奉献全部。

一个优秀的证券经纪人除了要有一股干劲,还要掌握并灵活地运用销售技巧,特别是对细节的重视。所有的这些成功必备的素质玛莎全有,虽然她是一个女人闯入了一个男人主宰的世界,但是她并没有让这一点变成劣势,反而使其成了一种优势。

尽管当时的社会和政治跌宕起伏,而且玛莎还有一个女儿,但是没出两年,玛莎已经是公司里最赚钱的人之一。当然,这些成绩与玛莎的努力和坚持是分不开的。

努力是她对工作的付出和辛苦,坚持则是她对家庭责任的承担。玛莎选择成为一个职业女性,但并不代表她放弃了家庭生活。

最让她头疼的事情就是做什么饭菜能够合孩子和丈夫的口味。每天傍晚下班回到家,买菜做饭就成了一场比赛,因为必须尽可能地缩短买菜的时间,而且还要快速想出各种花样的菜肴。

也正因为这样,玛莎总结出既方便精简却又不牺牲口感和质量的烹调方法,最终确保短时间内做出健康可口的饭菜。

玛莎坚持有品质的生活,绝对不会因为工作而怠慢自己。她从来没有炖一大锅菜然后放进冰箱冷冻的习惯,也不会事先冷冻一些新鲜的鱼肉,等到用的时候再花时间解冻。

这些习惯的养成和她生长在大家庭有很大关系,在这种家庭里,为了做饭经常要花上一整天的时间,花很少的钱买回来的肉都要经过精心的调味,为的就是吃起来更美味。

为了提高自己的厨艺,玛莎款待客户的时候,经常会带他们去纽约的顶级餐厅吃饭,因为只有在这样高水准的餐厅,她才有机会接触到高级料理。

每当吃到特别美味的菜品,玛莎就会向饭店的员工打听这道菜的做法和配料，回家之后，经过研究做出同样美味的菜让全家品尝。

玛莎已经实现了她和丈夫梦寐以求的生活方式，她拿着六位数的薪水，丈夫安迪的律师工作也越来越成功，他们的事业正朝着曾经期望的方向发展。

1970年初，安迪离开曾经的律师事务所，加盟了邦格潘塔矿业大公司，成了企业法律顾问，这意味着安迪的事业开辟了全新的领域。

而玛莎希望赚取更多的佣金，她就必须向客人多推荐股票，多卖出证券，因此工作压力也越来越大。她和安迪的日程每天都安排得很满，没过多久，两个人都感到筋疲力尽。

不管怎样，事业的新高峰对玛莎和安迪有着积极的人生影响，玛莎不再是那个一心想要成为名模的女孩，安迪也变成了一个事业有成的稳重男人。

这一切都已经达到了玛莎和安迪结婚时的期望，他们也将向着更高的目标奋斗。玛莎在这个过程中付出了很多，但也收获了许多，不过，她仍然不断地告诫自己不要放松，不要懈怠。

我们相信，玛莎·斯图尔特的成功正是来自于她给自己施加的压力，也正因为这些压力的存在，才有了日后的玛莎帝国。

第四章 涓涓细流的积累

1. 事业遭受打击

在女儿莱西5岁的时候，玛莎和安迪决定再买一栋房子，因为他们纽约的公寓已经住不下了。1971年春天，玛莎一家搬到了康涅狄格州的西港，他们买下了位于火鸡山路48号的一栋有6间房屋的农舍。

房子建造于1805年，早前是联邦农场的房屋。由于年代久远，房子很破败，这和他们过去的米德菲尔德很相似，同样需要进行大规模的翻修。

不过，玛莎和安迪看到它的第一眼就很喜欢，无论房屋的大小还是形状。玛莎认为这就是她想要的地方，一栋有花园的别墅，它实现了玛莎的梦想。玛莎给他们的新家取名叫作"火鸡山农场"。

这处房产花费了安迪夫妇33750美元，尽管那个时候他们在经济上已经很富足，但是为了买下这里，夫妻俩还是倾尽了所有。令他们感到崩溃的是，他们不得不又一次开始痛苦而漫长的翻修工作。和米德菲尔德一样，安迪夫妇没有多余的钱雇佣工人，只能再次自力更生。

不过，有了上一次翻修旧屋的经验，这一次他们没费什么力气就完成了房屋翻修的大部分工作，而且值得欣慰的是，重新翻修后的房子成了样板工程，吸引了四面八方的参观者。

玛莎和安迪从来都不怀疑自己是地道的城里人，他们买下乡间的房子以及随后在这里安家，这是他们自己选择的生活方式，更是对未来的一次投资。

恰好这个时候安迪所在的邦格潘塔公司搬迁到了康涅狄格州的格林尼治小镇，这样就加快了安迪夫妇的搬家速度。住进新家后，安迪上下班十分方便，但玛莎却要每天往返于纽约和新家之间。

闲暇的时候，玛莎将全部精力都用在装修"火鸡山农场"上，她要把这里装点成世外桃源。即使有人过来参观，玛莎也不会停下手中的活，忙碌不停就是她的状态。

玛莎和安迪把家搬到西港的目的就是远离城市的喧嚣，过上怡然自得的生活。但是依旧繁忙的工作日程以及辛苦的劳动始终影响着他们的生活。

在经历了巨大的生活变化之后，加上玛莎证券经纪人工作所面临的压力，许多日积月累的问题开始显现出来。这样快节奏的生活令玛莎和安迪11年的婚姻开始走下坡路。

玛莎开始拿安迪撒气，翻修房子的不顺利，往返于家庭和公司的辛苦，还有她当证券经纪人所面对的困难和压力，这些事情统统成为她对丈夫撒气的理由。安迪对于玛莎这种无理取闹的行为起初是忍耐，后来也变得厌烦甚至有时也会争吵几句。

与此同时，女儿莱西也未能适应新的家庭环境和学校生活。在纽约的时候，莱西读的是私立学校，晚上和周末也都有父母陪伴在身边。到了西港之后，她转学到当地的一所小学读一年级。由于家庭环境和新学校的陌生，莱西交不到朋友。

在翻修房屋的那段时间，每天都有干不完的活，玛莎和安迪也鲜少有时间关心莱西，就这样，莱西开始变得内向起来。渐渐地，在父母和亲友的眼里，莱西好像总是闷闷不乐，不开心的样子。

玛莎和安迪看在眼里急在心上，他们决定首先翻修出莱西的卧室，为的就是在乱糟糟的旧屋里，莱西至少有一个清静的地方。同时，玛莎把莱西又转到了一所私立学校。似乎是这样的举措发挥了作用，莱西的情况比之前有了明显的好转。

1973年夏天，在经历了美国社会的起伏之后，华尔街的经济开始复苏回暖，玛莎推销股票的佣金也随之水涨船高，这充分证明了她的销售能力，证明了她说服客户投资股票的绝妙口才，更证明了她对成功的渴望。

玛莎的客户大都是一些公司和机构，也有一小部分的个人投资者，同时，她还成功地劝说她的朋友们买下各种股票，其中包括当时的家具巨头莱维兹家具公司的股票。当时无论是玛莎个人还是她的公司都在竭力地推销莱维兹家具公司的股票。

就在股票市场红红火火的时候，美国政界发生了令人震惊的"水门"事件。这样的政治风波对股票市场极为不利，经济形势突然下滑。

祸不单行的是，玛莎所在的证券公司又被指控收取了莱维兹家具公司的回扣，以作为为莱维兹公司发行绩优股、发布"牛市"投资报告的条件。

面对这样大的丑闻，玛莎感到不可思议，她一直被蒙在鼓里，毫不知情，但是她还是为此付出了沉重的代价。也许她是一个优秀的证券经纪人，但对于商界的尔虞我诈她并没有多少经验。老板莫内斯给她解释说，每一家证券公司都会有这样的事情存在。但是，很明显，莫内斯的解释并没有让玛莎信服。

混乱的政治局面加上爆出丑闻，使得过去几年一直处于上升势头的莱维兹家具公司的销量骤降，库存激增，其股票市值更是一泻千里。许多股票经纪人的客户只能眼睁睁地看着自己的股票贬值。

同时，这也让玛莎陷入了尴尬的境地，玛莎的朋友们听从她的建议大量购买这只股票，现在全部遭受到了严重的损失。他们打电话质问玛莎，情绪激动的人甚至会辱骂她。玛莎只要一看到朋友打来的电话就会紧张得浑身发抖，因为她不知道该怎么面对朋友们。

虽然这不是玛莎的错，玛莎也在尽力地帮助朋友们挽回损失。可是，这一切还是于事无补，玛莎难过极了。

狼狈不堪的局面让玛莎感到恐慌，她担心自己的声誉受到影响，也担心会失去所有的朋友，这些担心令她感到痛苦。股市的飘忽不定，繁重的工作以及一落千丈的佣金，让玛莎决定离开华尔街，她不想再冒任何风险。

就这样，在丑闻事件发生后的一个月，玛莎离开了工作5年的伯尔伯格·莫内斯证券公司。尽管老板莫内斯对她百般挽留，但是身心疲惫的玛莎还是毅然决然地选择放弃，她不想为了金钱把自己的人格和婚姻搭进去。

虽然玛莎也知道自己这种一走了之的行为是在逃避，但她实在承受不了那种痛苦。直到很久以后，玛莎才为自己当时所做的决定感到庆幸。因为，正是离开了华尔街，她才有机会开辟出更加适合自己的广阔天地。

2. 回归家庭生活

离开证券公司后，玛莎平生第一次没有了职业也没有了社会身份，她感到心灰意冷、无所适从。赋闲在家的那段日子，玛莎每天靠侍弄花草和翻修"火鸡山农场"的工作来打发时间，只有这样，她才能暂时忘掉华尔街给她带来的痛苦。

另外，玛莎也在盘算着如何开始一份新的职业。考虑到自己的工作经验，她纠结于是否要重操旧业继续找一份和商业经济有关的工作，或是转行做其他工作。经过仔细的研究和考虑，玛莎认为房产经纪人是一个很可行的事业发展方向。

首先，玛莎对房屋的鉴别和房价相当了解；其次，她对家居布置和装饰又十分在行；最重要的一点，她是一个成功的推销员，在证券工作中就体现出来了。

于是，玛莎信心满满地参加了房产经纪人的资格考试，并以较高的成绩排名获得了房产经纪人资格从业证书。房地产销售的工作和玛莎对于建筑、家居装潢的热爱简直就是绝配，这让玛莎又找到了在华尔街工作时的那种劲头。

在一家房地产公司工作了一段时间后，玛莎开始觉得自己的选择好像不是很明智。比起证券经纪人的工作来说，房地产销售的工作更加辛苦。

在华尔街当证券经纪人的时候，玛莎只要到客户的公司或家里推销股票就行，她付出很多辛苦，凭借出色的口才，不费吹灰之力就能卖出股票。

可是，做房产经纪人就没那么容易了，低迷的房地产市场让玛莎举步维艰，不是每个人都像她一样有超前的眼光，会提早对房产进行小幅度投资。她每天都要花上好几个小时驱车陪客户四处看房子，而且随时处于待命状态，还要忍受客户的挑剔。

入行两个月，玛莎不仅没有卖出去一处房产，也没有主持过一次售房接待。这并不表示她能力不行，毕竟股票是一种无形的财富投资，收益很明显，而房产作为固定资产，升值空间不那么乐观，很难有大幅度的升值。

得出这个结论之后，玛莎知道在房地产行业苦撑不是长久之计，既然没有什么发展可言，那就要趁早退出，不能浪费时间。就这样，玛莎递上辞呈又成了无业人士。

房产经纪人工作的失败让玛莎对工作开始深思熟虑。她知道自己接下来无论做什么都必须仔细思考，而且还得是自己喜欢的。因为只有这样，她才能很好地发展下去。

但对于到底能做什么，玛莎仍然感到十分茫然。好在丈夫安迪还是一如既往地支持她，他希望玛莎能在家好好休息一段时间，别再为工作的事情烦心。

有了丈夫的支持，玛莎开始了第一次真正意义上的全职太太的生活。每天，玛莎都会为丈夫和女儿准备美味而又营养均衡的早餐，目送他们上班上学后，她就开始了一天的生活。

给地板打蜡、粉刷墙壁、整理仓库，还有小心翼翼地修剪草坪，这些活可以分散玛莎的注意力，她常常是刚做完一件事情，又马不停蹄地做另一件事情。她干得起劲，也就会减少工作失利给她带来的痛苦。

这种惬意的家庭生活在别人看来是种享受，但是对玛莎来说却是一种煎熬，她已经习惯了快节奏的生活，工作的成就总能给她带来强烈的满足感和归属感。在她看来，女人如果不工作，就会脱离社会，她才不会选择那样的生活。

但不管怎样，玛莎还是决定在没有想清楚到底接下来做什么的时候，暂时坚持这种家庭主妇的生活，工作的事情她会从长计议，不会再轻举妄动。

日子就这样一天天过去，玛莎的内心也平静了许多。此时她也感觉到自己的确很久没有好好休息了，虽然工作的欲望还是很强烈，但她还是愿意放松一下。玛莎学习了一些新的菜品，并做给家人享用，她也终于有时间和朋友喝喝咖啡、逛逛百货商场、做做发型了……

玛莎8岁的女儿莱西很高兴一回家就能看见妈妈，从出生到现在，莱西都没有什么时间和妈妈在一起好好相处。在莱西幼小的心灵里，妈妈是一个不称职的母亲。

的确，玛莎一直处于忙碌的工作状态，根本没有时间和精力关心莱西，对于唯一的孩子，她还是很愧疚的。做模特时候意外怀孕，让玛莎不得不生下莱西，但在生产之后，玛莎迅速地做了绝育手术以免再次怀孕，因为她觉得有孩子实在是太麻烦了。

而在玛莎成为全职太太的这段时间，她意识到自己对莱西的忽略可能会对她造成伤害，所以，玛莎想尽力去弥补女儿。周末的时候，像大部分妈妈一样，玛莎带着莱西去儿童剧院看木偶剧；陪她去迪斯尼乐园；带她去吃法式大餐。

玛莎不在乎陪伴女儿要花掉多少钱，她现在只在乎女儿的感受。不管怎样，她还是个母亲，看到莱西的笑脸，玛莎感到无比轻快愉悦，心中的愧疚也会减少一些。

其实，不止玛莎对女儿莱西关心不足，安迪对女儿也是一样的。这对夫妻一直在为自己的前程疲于奔命，对于家庭生活和孩子的教育他们实在是不够关心。

安迪不止一次地表示过，玛莎如果愿意待在家中做一个全职太太，他会努力工作养家，不会让玛莎失望的。尽管安迪知道这是根本不可能的事情，但是他还是一有机会就跟玛莎提起，希望她改变主意。

玛莎对丈夫的建议从来都是不予理睬，在那个"男主外，女主内"的时代，玛莎是个特例，她绝对不会停下自己追求成功的脚步，同时，她也坚信成功的机会很快就会降临在她身上。

全职太太的生活只过了几个月，玛莎就按捺不住开辟新事业的急切心情了，就在这个时候，如玛莎期望的那样，机会真的降临了，她紧紧抓住了这次机会，从而成就了一番事业。玛莎注定是个不平凡的女性。

3. 餐饮事业的起航

就在玛莎对未来的事业一筹莫展的时候，她的一位朋友兼同事诺玛·克利埃尔帮她解开了心结，诺玛向她提出了一个好的想法，令玛莎雀跃不已。

诺玛是玛莎多年的好友，在玛莎被评为"最佳着装女大学生"的时候，就是诺玛以年长女伴的身份陪同玛莎出席了颁奖典礼。后来玛莎又和诺玛一起在纽约做模特，她们是一对志同道合的好朋友。

在玛莎遭遇华尔街事业低谷的时候，诺玛一直陪伴在玛莎身边，即使她也大量购买了玛莎推荐的股票，造成不小的损失，但她并没有因此责怪玛莎。她们之间的这种友谊让玛莎很感动，她们就像一家人一样，不但一起外出度假，甚至还有彼此家门的钥匙。

诺玛比玛莎离开模特圈晚一些，之后就一直在家照顾孩子，锻炼厨艺。看到玛莎在华尔街遭受到的打击，诺玛很心疼，同时，她也在寻求事业的新方向。

诺玛给玛莎提出的想法就是，在玛莎的"火鸡山农场"家中的地下室经营餐饮生意，当时诺玛住在康涅狄格州的新卡纳恩，离"火鸡山农场"很近。实际上，她和玛莎的厨艺都很棒，但是，这个想法是否可行，还需要和玛莎深入探讨。

玛莎和诺玛很快就想出一个方案，当时，西港地区很多中高收入阶层的家庭经常举办晚宴，准备饮食是令人头疼的一件事情，所以，玛莎经过深入调查后，决定向大众提供一种新颖的餐饮服务，她们称其为"代加工的餐饮生意"。这样的生意不需要店面，只有食物材料的成本费用，这在那一带的餐饮生意中是绝无仅有的先例。

玛莎和诺玛只需要准备好各种饮食，并且她们提供的食物看上去就像主人自己在家烹制的一样。在酒席招待的前一天，她们会去开办酒席的主人家取来必备的厨房器具，等到第二天去送餐时，用从主人家拿来的碗碟装菜。

除此之外，她们还提供酒席助手，帮助主人上菜，布置和装饰就餐区，以确保一切准备能与酒席气氛相协调，玛莎的才能也有了施展空间。

玛莎和诺玛共同投资，双方各占50%的股份，所获得的利润也是对半分成。就这样，在她们缜密的筹办下迎来了第一份餐饮生意。玛莎显然重新找到了对自己的定位，这令她不禁想起过去那些忙着准备美食招待来宾的日子，她陶醉于向人们展示自己的才能。

餐饮生意在一开始的时候并没有受到多少关注，但当人们发现这确实是一种经济又聪明的办法时，大家开始争相预订酒席，况且玛莎和诺玛的厨艺精湛、收费合理，这些正是人们需要的。

很快，玛莎和诺玛的餐饮生意就火爆起来，常常是应接不暇。客户们通常是口口相传地告诉亲朋好友，就这样，玛莎成了当地的名人，收益也比之前预计的增加了许多。对于玛莎而言，一次无心插柳却成就了她红火的事业。

就在玛莎为餐饮生意忙碌辛苦的时候，安迪的事业出现了更大的转机，他在邦格潘塔矿业公司的顶头上司，跳槽到了纽约的传媒企业《时报-镜报》集团，担任杂志图书出版公司的首席法律顾问。

安迪认为这是一个千载难逢的机会，因此他放弃了原先的职位，跟随上司的脚步，跳槽到了快节奏工作但极具吸引力的出版传媒行业，担任《时报-镜报》出版公司法律事务部的第二法律顾问。

玛莎对此表示支持，同时也感到非常开心，因为安迪的新工作不仅体面，而且报酬也比以前多许多。更重要的一点，玛莎一直梦想出版一本自己写的关于烹饪的指南书籍，而安迪的新工作恰好可以帮助她实现目标。

《时报—镜报》集团可是当时的传媒巨头，旗下关于杂志、报纸和图书出版的附属机构不计其数。如果可以通过这个媒介出书，那么玛莎很快就会家喻户晓、声名远扬。

更幸运的是，安迪跳槽没多久，《时报—镜报》集团的一家下属公司亚伯拉姆斯出版社的董事长突然离职，安迪被推荐升任该出版社的董事长兼首席执行官。安迪用很短的时间就熟悉了亚伯拉姆斯出版社的财务收支、生产、营销和发行等系统，同时，他对出版界的各个环节也了如指掌。

1975年初，就在安迪的事业蒸蒸日上的时候，玛莎和诺玛的合作关系却面临"触礁"的危险。日益积累的矛盾逐渐明显，在合伙经营了6个月之后，她们解除了合作关系。

其实玛莎与诺玛分道扬镳是迟早的事情。代加工餐饮生意愈加成熟，玛莎也因此日益排挤诺玛，因为她觉得自己已经胜券在握，不再需要诺玛的协助。玛莎经常在诺玛给当地的家庭主妇上烹饪课的时候，粗暴地打断她说话，令她难堪。

另一方面，诺玛在"火鸡山农场"的厨房里，无意中听到了玛莎和安迪的谈话，从他们夫妻二人的对话中，诺玛震惊地发现，玛莎竟然私下承接酒席，并且独吞了收入。

诺玛非常愤怒和伤心，她觉得自己就像傻瓜一样被玛莎骗得团团转。这也让诺玛想起了玛莎当证券经纪人时，向她推荐股票，令她蒙受了巨大的经济损失。诺玛认为玛莎故伎重施，再一次剥削了她。于是，诺玛愤然提出解除合作关系。

玛莎对此不以为然，她已经完全可以独立经营餐饮生意了，对于挤走诺玛这件事情，玛莎认为能者居之，没有什么应不应该。

这其实就是玛莎惯用的一种手段：激怒对方、轻视对方。玛莎在童年时代亲眼看见了她的父亲爱德华用这样的办法制服了母亲。现在她也如法炮制，用来对付劲敌和丈夫安迪。受到攻击的对象越是后退，玛莎就越是前进，她是典型的得寸进尺。

可以说，玛莎的成功与她咄咄逼人的作风是分不开的，也许这样的性格会很伤人，也许她会因此吃亏，但玛莎强硬的处事方式早已慢慢成形，甚至成为了她的鲜明个性，没有人能说服她改变。

4. 我的厨房我的梦

20世纪70年代中期，玛莎结束了与诺玛之间的合伙关系后，她迫切地希望开创一个自己的餐饮品牌，为此，她花费了大量的时间和精力。为了提升自己的烹饪水平，玛莎经常半夜起来读书或研究菜谱，先是一个个照着做，做得一丝不差之后就想办法改进。

同时，玛莎还抓紧一切机会向专家学习各种节日习俗与聚会礼仪。有空的时候，她就会静下心来总结自己的心得，发给当地的生活类杂志社，比如《好管家》《主妇》等。

玛莎的作品都是从实践中得出的结论，稿件的采用率很高，而且杂志社很快就发现，玛莎的作品很受欢迎，于是，在很短的时间内，就有杂志社特意为她开设了专栏。而玛莎的知名度也因此而不断提升，生意也越来越好，和许多中产阶级家庭都建立了长久合作的关系，但是玛莎并没有就此满足，她开始寻求与企业建立合作关系，进而增加曝光率，让更多人知道她的餐饮生意，并且从中获得更大的收益。

就在不断探求与思考的过程中，玛莎突然想到了一个两全其美的好办法，既可以扩大生意规模又可以提升知名度。玛莎在心中不断思考着这个方法的可行性，她想到，如果这个办法真正落到实处的话，或许将开启一种全新的经营模式。

在西港地区有一个被人们称为"共同市场"的购物中心，那里聚集着一些零售高端商品的店铺，在"共同市场"里有一个小的食品休闲区，每天都有顾客来这里享用下午茶，或是购买一些进口食品。

这里的客流量很大，经过一段时间的观察，玛莎对这里十分感兴趣，也看到了其中蕴藏的商机。她想向那些到这里购物的顾客推销她自制的馅饼和糕点，她甚至还可以提供新鲜的晚餐。

但做这些至少需要一个食物柜台，而柜台放在哪里也是一件令人挠头的事情。考虑良久之后，玛莎决定找那些商店的老板，谈论能否在他们店门口设置食品柜台。玛莎自我推销的重点就是：她自制的馅饼和糕点等食物会给商店带来更多的利益，并且她还特别指出，自己的"代加工餐饮生意"是如何红火。

当别的商店老板还在谨慎地思考玛莎的提议时，"拉尔夫·劳伦服装店"的店主就对玛莎的提议表示很感兴趣，他欣然接受了玛莎的合作请求，虽然他并不确信这样是否能够给自己的服装店增加生意。

于是，来到这里购物的顾客们很快就发现，在"拉尔夫·劳伦服装店"的门前出现了一张摆满食物的桌子。这张桌子很轻松便吸引了一大批顾客驻足关注，当人们品尝了玛莎的手艺后全都赞不绝口，随后有许多人会顺便进到服装店里逛一逛，总会买点什么再走，就像玛莎曾经预料的那样，食品柜台的确增加了服装店的生意，她也就更加安心地经营了。

玛莎将这个新的生意称为"市场篮子"。渐渐地，每一个来到"共同市场"的顾客都会来"市场篮子"，买一些手工制作、高品质、包装精美的馅饼或糕点带回去享用，玛莎的摊位也因此成了"共同市场"上的一道风景。

眼看着生意越来越好，一张桌子明显不够用了，玛莎开始考虑开设一家独立的店铺，这时，"共同市场"里的店老板们都已经知道了玛莎食品柜台的火爆程度，于是纷纷向她发出了合作邀请。

为了让计划更加具体，也为了让那些店老板们了解她的厨房到底可以做出什么样的美味食物，玛莎在"火鸡山农场"举办了一次午餐聚会。这一次，就连"共同市场"的拥有者和开发商吉尔·莱赫曼·玛奇塔也出席了餐会。

这顿午餐给玛奇塔留下了深刻的印象：厨房很温暖，装饰得体用心，尤其是玛莎精心准备的一款甜点——香草煎蛋，让玛奇塔回味无穷。

就在这次午餐聚会之后，玛莎在"共同市场"里有了一间自己的食品店，为此她和"共同市场"的老板们达成协议，她同意和"共同市场"分享餐饮生意的利润。不久之后，玛莎的"市场篮子"就正式开张了。

玛莎的生意做得顺风顺水，这离不开她善于审时度势的眼光。她抓住了一个很好的时机，那个时候的美国职场发生了很明显的转变，越来越多的女性走出家门，踏入社会，寻求事业的成功，因此她们的生活变得更加忙碌。

许多女性都是两点一线的生活，家庭和公司，即使这样会很辛苦，但是很明显这种趋势将会持续下去。正是因为人们一天三顿饭只有一顿在家里吃，所以吃什么变得不那么重要，只要简单方便就可以。

这一点，玛莎十分清楚，她要做的就是，让西港地区的上班族，每一个工作日都可以吃到细心烹饪的食物。大家可以在下班回家的途中顺便买回去慢慢享用，既不是速食，又不需自己动手。"共同市场"的老板正是看清了这种形势，所以才让玛莎的食品店进驻。

很快，玛莎出售的货真价实的美食就为她赢得了更多人气和收益，每天，她的店铺前都会排满顾客，商品也常常供不应求，毕竟"火鸡山农场"的厨房就那么大，做出的食物十分有限。玛莎意识到，面对日益增加的顾客，食品店必须提高产量了。

玛莎知道提高生产量不是一件容易的事，她需要帮手。而她想到的办法就是把食品成品之前的环节承包出去，由分包商供应给他们馅饼、糕点、正餐的主菜等。为了找到合适的人选，玛莎在报纸上刊登了一则广告：征聘厨艺高超的糕点师和厨师，邀请他们加入一个崭新的食品领域。

广告一出，整个西港地区的大厨们纷纷致电玛莎，他们拿出自己的看家本领，制作出他们擅长的糕点、馅饼和菜肴，然后送到玛莎那里，通过她的"市场篮子"卖出去。这个创意简直棒极了，完全解决了供应源的问题，但是麻烦也随之而来。

"市场篮子"生意的火爆引起了当地卫生部门的注意，他们派出调查员要求玛莎出示各种资格证书，比如：食物的烹饪环境，食物的运输条件。很快，调查员发现这些卖给大众的食物，生产商既没有营业执照，也没有商用厨房。

当调查员就调查结果向玛莎提问时，玛莎意识到了问题的严重性，便马上做出调整，以确保自己的生意能够顺利经营下去。她很快租用了一间设施齐全的商用厨房，并办理了所有需要的证书。就这样，玛莎轻松地解决了卫生检查以及"市场篮子"合法与否的问题。

然而，就在玛莎以为生意能够正常经营下去的时候，"市场篮子"却再次出现了问题。这一次的问题是发生在玛莎和"共同市场"的老板之间。玛莎"市场篮子"的成功引来了一些别有用心的人的格外"关注"，他们散播小道消息称：玛莎很自大，并且他们对玛莎与店老板们的分账收入提出了质疑。

更令人气愤的是，《纽约时报》的记者撰写了一篇采访玛莎的新闻报道，而玛莎在接受访问时称自己就是这个美食项目的策划人和经理，这些言论激怒了那些店老板，因为"市场篮子"是一个合作项目，她怎么能说自己就是老板？

经过一番沟通之后，玛莎坚持自己是"市场篮子"的老板这一观点，但那些店老板们表示坚决不能接受，加上"共同市场"在那时出了一些其他问题，无奈之下，玛莎决定离开苦心经营了两年的"共同市场"。

1977年1月，在告别了"共同市场"之后，玛莎注册成立了"玛莎·斯图尔特有限公司"，公司地址就在"火鸡山农场"的地下室里。玛莎相信，有了经营"市场篮子"的经验，她一定能够在很短的时间内打造出一个脍炙人口的美食品牌。玛莎之所以如此有信心，是因为她现在的成功完全是自己一手积累的，她相信自己的名气和经验也将在成功路上助自己一臂之力。

对于自己刚刚组建的公司，玛莎充满期待、干劲十足，她相信，自己一定能够让这个公司发展壮大起来。

5. 患难与共

在玛莎的公司办得风生水起时，安迪在亚伯拉姆斯出版社的工作也如鱼得水，他满心欢喜地享受着这个让他充分发挥创造力的工作环境。所有的亲朋好友都知道，安迪夫妇在各自的事业上都取得了很大的成功。

然而，他们在家庭生活方面却并不乐观，也许因为事业的忙碌，也许因为性格的差异，总之玛莎与安迪之间越来越没有共同语言。而且，从第一次搬家装修开始，玛莎一遇到不顺心的事情，就会把安迪当作发泄对象。

玛莎这种伤人的行为和她父亲如出一辙，她对安迪的恶劣态度，就像曾经她父亲粗暴地对待家人一样。或许这是玛莎心中难以抹去的阴影，但不管怎样，她的这些恶劣行径还是严重地伤害了夫妻之间的感情。

面对妻子的变化，安迪虽然愤怒，但他还是选择了默默忍受一切，因为他理解玛莎，他知道，眼前这个女人的身上背负了多大的压力。安迪更忘不了结婚时，在神坛上他是如何对着神父起誓，保证会爱护玛莎一生一世。

天有不测风云，人有旦夕祸福，1977年春天，安迪被查出患上了癌症。这个消息对安迪和斯图尔特一家来说，简直就是晴天霹雳。大家不愿相信这样的不幸会发生在安迪身上，但是医院的诊断书却无情地击碎了大家的期盼。

这件事缘自春天的一次事故。玛莎最小的弟弟乔治长期居住在"火鸡山农场",为的就是逃避他父亲爱德华的严厉管教和控制,他俨然把姐姐的家当成了一个避难所。和两个哥哥不同的是,乔治在面对暴怒的父亲时,从来不敢还嘴,只有挨骂的分。

成绩同样优异的乔治,就读的是哥伦比亚大学的姊妹学校——罗格斯大学。毕业后,他在激烈的竞争中打败对手进入了世界最大的零售企业西尔斯公司工作,在工作了一段时间之后,乔治发觉自己并不喜欢这份工作,随后他就离开了这个零售巨头。

父亲爱德华对乔治的决定暴跳如雷,大骂他是个蠢蛋。没了工作的乔治来到"火鸡山农场"投奔姐姐,在那里,他成了一个木匠学徒,这才是他喜欢做的事情。后来,在姐姐玛莎的帮助下,乔治开办了一家建筑承包公司。

因为长期在姐姐家住,乔治和姐夫安迪的关系很好,时常一起结伴出游。春季里的某一天,乔治和安迪准备划着独木舟去"探险",当他们小心谨慎地穿行一段湍急的水域时,意外发生了。

独木舟被汹涌的河水冲翻,安迪被重重地摔到了一块岩石上,他的臀部被撞伤了,所幸没有什么大碍,伤口很快就愈合了,安迪也没把这件事放在心上。直到一天,安迪在洗澡的时候突然发现,受伤的部位鼓起一个肿块,他赶紧到医院进行检查。

外科切片检查的结果令安迪大吃一惊,结果显示他患上了癌症。医生马上建议他做了癌症活组织检查,最后确定为良性肿瘤,而且发现时间又早,治愈的可能性很大。虽然检查结果让安迪松了一口气,但他心中仍然充满了恐惧。漫长的治疗时间,难以预计的治疗效果,这些都是安迪恐惧的原因,所以,他决定对公司及同事隐瞒病情。

安迪突发的病情让玛莎几近崩溃,在安迪接受一次又一次难熬的放射治疗的时候,玛莎陷入了一种十分可怕的抑郁状态。以至于在安迪接受手术治疗之后，玛莎总是一个人坐在黑漆漆的房间里发呆。如果有朋友来看她，她就会立即扑到朋友的怀中放声痛哭。

那种感觉就像玛莎已经失去了安迪一样。一直以来，玛莎的强硬和坚持都是在安迪的隐忍当中体现的，她其实很依赖安迪，如果失去他，玛莎真的不知道该怎么办，她发现自己并没有想象中的那么坚强。

在安迪生病之前，玛莎与他已经不算什么恩爱的夫妻了，为了各自的事业，他们两个人除了早上打个照面，很少有时间坐下聊聊，或者是像恋爱时那样，享受二人世界。常常是玛莎回到家安迪已经睡下，或是安迪回到家玛莎还没回来。

这样的生活持续了很久，渐渐地，两个人的感情疏远又麻木，更谈不上有共同语言了。但是，在安迪的生命受到威胁的时候，他们的关系在一定程度上得到了缓和，至少在外人眼里看来，他们恩爱有加。

从几年前开始，玛莎就经常训斥、谩骂安迪，她是典型的"霸权主义"，动不动就拿丈夫撒气，她对安迪有着强烈的占有欲。在安迪接受治疗期间，玛莎一改往日作风，变得温柔、体贴、富有同情心。

而安迪也知道他们夫妻之间出现了很大的问题，他希望通过这次生病能让两人重归于好。可是，玛莎还是不停地埋怨他，怪他不小心，才会发生划独木舟受伤这种事情，甚至在心情极度糟糕的时候，她还会说安迪的癌症完全是咎由自取。

实际上，安迪患病还带给了玛莎巨大的压力。玛莎再一次像上学时那样思考未来的方向，她觉得自己应当加快向奋斗目标奔跑的脚步了。玛莎不愿让自己的未来充满未知，她希望能够通过努力创造美好的生活。

在经历了长达半年的折磨后，安迪终于结束了放射治疗，医生告诉他，他体内的癌细胞要等5年之后才能确认是否全部消失。

与此同时，玛莎的父亲爱德华·科斯蒂拉的身体越来越差，他的心脏出现了严重的问题。几年来，爱德华因为心绞痛接受了多次治疗，而这仅仅是他众多病症之一，他需要做开胸手术，但是他却靠酒精来缓解病痛。

玛莎对父亲酗酒的行为感到很失望，同时也很担心，父亲一直都是她崇拜的偶像，尽管他们之间对太多事情不能达成共识。但是，随着年岁的增长，爱德华明显更加依赖玛莎，他经常到"火鸡山农场"看望玛莎。

最终，玛莎说服了父亲，让爱德华住进了纽约的一家医院，准备进行开胸手术。就在爱德华做好准备与病魔抗争的时候，他却突然离世了，而10天前他才刚过了68岁生日。

1979年9月，爱德华被安葬在新泽西州纳特利的家族墓地里，葬礼过后，玛莎在老宅设宴招待了亲朋好友，然后回到西港。她一生中最重要也最有影响力的父亲永远地离开了她。

在饱经丈夫患病的折磨同，又遭受了丧父之痛后，玛莎仍然以令人惊叹的效率工作。她不断地寻觅着下一个机会，始终保持着生意敏感度，满脑子只想着怎么挣到更多的钱。她的思考方式与其他人截然不同，步伐也比别人稳健有力，因为她要带领自己的公司迈进成功的大门。平淡无奇，从来与她无关。

第五章 攀登事业高峰

1. 风靡全美的《消闲》风尚

休养了一段时间后，安迪终于回到了工作岗位并且可以全天上班，他的同事们为他战胜病魔感到高兴，他在出版社的事业并没有因为生病而停止、退后，反而呈现出一种螺旋上升的趋势。这一点是安迪没有想到的，因此，他更加珍惜自己的事业。

玛莎的美食公司生意越做越大，签约的合同越来越多，她的客户群体很广泛，除了普通人，还不乏各界的社会名流，甚至很多知名的大企业也是她长期合作的对象。

自从安迪转行出版界之后，玛莎一直渴望出版一本关于烹饪大全的图书，玛莎对自己为杂志社美食专栏投稿的经验充满信心，一个个富有创意的想法跃入她的脑海，有丈夫这个便利的资源，玛莎对出书充满希望。

20世纪70年代末期，美国市场经济繁荣稳定，许多公司和个人逐渐对家庭餐饮生意产生了兴趣，这标志着一个美食时代的来临。每年图书市场上都会涌现出大量关于烹饪的书籍，同类的杂志也发行了四五本，人们每天都会接触到全新的烹饪方法。

玛莎知道，如果出版烹饪图书，受众群体不能仅限于富人阶层或是高端市场，她一定要让所有热爱美食和懂得享受生活的人们认同她出版的图书。在想清楚这些问题后，玛莎就静静地等待机会，一个可以一举成名的机会。

1980年夏天，安迪的出版社举办了一次新书发布会，这次活动的酒席是由玛莎的餐饮公司承办的，也正是通过这次活动，玛莎的出书计划终于得以实现。许多出版公司的老板和业界精英受邀出席了此次发布会，当时著名的皇冠出版社董事长艾伦·米尔肯就是其中之一。

在发布会后的餐宴上，米尔肯被满桌的美食所吸引。他出席过许多酒席，却从来没见过这样非凡的酒席：鲜美可口的食物，新颖独特的烹饪手法……米尔肯好奇地向安迪询问这些佳肴的出处，于是，安迪就把玛莎介绍给了米尔肯。

玛莎并不知道，这位和善幽默的先生，日后将会成为她出版图书的出版人。其实，米尔肯不仅对酒席上的食物大加赞叹，更为整个会场的布局、设计和细节深深震撼。他认为玛莎是这方面的高手，他建议玛莎写一本关于烹饪的书，这与玛莎的想法正合拍。

这次会面之后，出书的事情被正式提上日程，玛莎和安迪商量，由安迪以她的名义出面和米尔肯的出版社进行谈判事宜并签约，就这样，玛莎终于拿到了她想要的图书出版合同，还有25000美元的预付款。

玛莎首先对图书进行了前期策划，她必须要想出一个实际的好点子，她和安迪一致认为，这本书的宗旨在于服务各个层次的美食客。同时，玛莎考察了很多市面上的烹饪书籍，其中大多数都是枯燥乏味的简单菜谱。

玛莎想要撰写的是一本与众不同的烹饪图书，而大量的图片则会是这本书的卖点之一，因为她知道美食图片会带给人们一种强烈的视觉冲击，更重要的是，镜头还要抓住玛莎制作这些食物的精彩瞬间，绝大多数的照片都会来源于她亲自操办的各种餐会和酒席。

这就是玛莎的真正想法，她要向读者传递一种信息，一种全新的生活方式的理念。她不仅要奉上一本美食指南，她更希望让读者学会如何安排聚会、布置餐桌、装饰家居甚至是设计花园，即使大家不愿意亲自做这些事情，但至少他们愿意看看书上是怎么说的。

图书的策划和想法确定之后，安迪承担了照片编辑和版面设计，但是文字撰写成了一个难题。玛莎的生意很忙，分身乏术，只能雇用一个职业写手来撰写文字，这时候，一个玛莎的老熟人应约参加了她的面试。

在玛莎早年刚进入华尔街的金融圈时，有一个叫伊丽莎白·豪斯的前辈给了玛莎许多帮助，而这次前来面试的正是她。在离开证券行业后，豪斯曾担任《纽约客》杂志的编辑，现在是一名自由撰稿人。玛莎觉得和熟悉的人合作很好，毕竟这本书的版权页上会印上她自己的名字，她需要很好地掌控过程。

1982年，在经历了整整三年的编辑撰写后，玛莎·斯图尔特的第一本书《消闲》正式出版了。书是精装大开本，并且首次采用全彩色印刷，封面上，玛莎身着白色长裙微笑着站在长餐桌前，阳光透过"火鸡山农场"的玻璃照在她身上，简直美极了。

《消闲》里，玛莎不仅详细讲述了上流社会的各种礼仪，以及如何筹备聚会的具体建议，还精心设计了300多个菜谱，以及家居设计方案，并全部配以精美的图片，每一张图片都是出自职业摄影师之手，玛莎一如既往地追求着尽善尽美。

尽管《消闲》最初定价为35美元，这样高的售价远远超过其他烹饪书籍，但图书一经上市就遭到了疯抢，短短半个月内就销售了25万册，瞬间登顶《纽约时报》的畅销书榜，玛莎也因此加入了畅销书作家的行列，并开始引领家居家政时尚。直到1998年，《消闲》已经印刷了30次，销售了上百万本，成为美国历史上最经典的家政书籍，并且经久不衰。

玛莎那种奢华又实用的生活理念与家政技巧令人折服。尽管很多男性评论者认为此书肤浅造作，但是，女人们还是深深地陶醉其中，因为玛莎为精疲力竭的她们奉上了一个甜美的家居"乌托邦"，其实这也是玛莎梦想的生活，而她也恰如其分地在书中表达了出来。

《消闲》一书空前成功，这让玛莎意识到，原来每个人都希望自己的客厅很美、厨房令人称赞，只是实在没人指导该怎么做。这番看似寻常的领悟，让玛莎准确地找到了自己的位置，最终使她成了一名极具开创性的企业家。

趁着《消闲》的热度未减，玛莎很快在第二年推出了新书《快速烹饪法》。接下来，她的书几乎一年一本，虽然后来的作品都未能打破《消闲》的纪录，但销量也都在10万册以上。

大量专业图书的出版，奠定了玛莎在家政方面作为专家与权威的地位，她身后庞大的"粉丝"军团将她奉为神灵，而且这些书一脉相承，为玛莎此后树立个人品牌打下良好基础，从此，玛莎成为家居家政领域无可争议的领袖。

2. 无处不在的玛莎

玛莎天生就是一个不安分的人，她很早就懂得成功要靠自己争取，面对事业的各种挑战，她从不惧怕，只要有一个机会，她就会紧紧抓住并且将之利用到极致。

玛莎的事业并非一帆风顺，但她的工作状态却一直劲头十足，尤其是在《消闲》等书热卖后，她的履历表上又增添了一个头衔——"精明能干的女富豪"。图书的畅销不仅给玛莎带来了超高人气和关注，更让她赚了个盆满钵溢。

出书带来的巨大利润让玛莎有了扩展公司版图的资本，更重要的一点，现在的市场需要她。除了要关心自己的餐饮事业，玛莎还要忙于写作、演讲，她的演讲酬金已经涨到1万美元。每天，她的行程都被安排得十分满，所有的这一切都是为了事业。

与此同时，玛莎的私人时间越来越少，她的家庭关系也更加岌岌可危。安迪对她的不满已经到了公开流露的程度，尽管如此，安迪在工作上还是尽量支持着她。他们在外人面前还是保持着良好的模范夫妻的形象，他们一起旅行、一起待客，但两人之间的裂痕已经到了无法修补的程度。

莱西已经是巴纳德女子学院大四的学生了，她知道父母的关系出现了问题，为此，她的心情很不好，时常绷着一张小脸。玛莎对莱西的关心少得可怜，她认为莱西在学业上肯定不会令自己失望，所以，她也没什么好担心的。

而且玛莎并不在意这些事情，她认为自己所开辟的领域是一个拥有无限潜力的领域，她要深挖下去，因为玛莎希望得到更多，她已经准备好迎接下一个辉煌时刻的到来。

《消闲》等系列图书的风靡吸引了众多商家的注意，他们纷纷向玛莎抛出橄榄枝，提出合作的意向。玛莎对此很谨慎，现在金钱收益已经不是她首要考虑的事情，她想通过与实力公司的合作稳固自己所塑造的"家政专家"的形象。

就在这个时候，玛莎接到一个电话，打电话的人称：不用玛莎花一分钱就能让她成为亿万富婆和超级明星。这样强势又直接的说话方式让玛莎感到好奇，随后，她收到来电人的信件，请求面对面交谈，玛莎欣然应允，因为她预感，这将是一次非同寻常的会面。

给玛莎打电话的人是著名的营销专家芭芭拉·施耐德，当时她接受了美国第二大连锁零售商凯马特有限公司的委托，她的任务就是帮助凯马特提升企业形象和销售状况。虽然凯马特遍布全美国，但在大众眼里，它始终是乡村里的廉价折扣商店。

在走访了多家门店后，芭芭拉认为，凯马特需要一个强有力的形象代言人。作为首屈一指的零售商，凯马特有限公司一直致力于门店销售和普及度，但在形象管理上，他们一直不甚关注。

与玛莎一样，凯马特有限公司的新任总裁乔·安托尼尼现在已经不再注重金钱收益，他觉得，凯马特在公众心中的形象应该更为光辉，而不只是折扣商店这么简单，所以他请来芭芭拉帮忙。

当芭芭拉提出凯马特需要一个形象代言人时，乔为之一振，他认为芭芭拉的这个提议切实可行。因此，乔将寻找形象代言人的工作交给了芭芭拉。

为了找到合适的形象代言人，芭芭拉曾多次走访书店，她惊奇地发现，无论在哪家书店，最醒目的展台书架上一定都摆放着玛莎·斯图尔特的书，而且这些书的销售量居高不下。

事实上，在此之前，芭芭拉从未听说过玛莎·斯图尔特这个人，但现在她对玛莎充满了兴趣。玛莎的书很有吸引力，并且玛莎是个标准的美人，更为重要的是玛莎给美国家政文化带来了冲击，芭芭拉觉得她也许找到了凯马特公司需要的人。

虽然芭芭拉知道玛莎根本不可能在凯马特这样的超市购物，但是所有来凯马特购物的女性都渴望成为玛莎那样的女人，玛莎在消费者眼里就是"品质的象征"。芭芭拉为了证实自己的想法，她做了大量的调查，最终得出的结论就是：玛莎·斯图尔特几乎无人不知、无人不晓。

芭芭拉非常想要促成玛莎和凯马特的合作，在得知玛莎同意与她见面之后，芭芭拉向凯马特公司的委员会争取到了最大的权限，以便能够更有把握地说服玛莎。

玛莎接到芭芭拉·施耐德的邀请时，她的婚姻生活亮起了红灯，她和安迪的关系已经到了崩溃的边缘。当时她的妈妈、妹妹和弟弟都搬到了"火鸡山农场"附近居住。玛莎先把和安迪之间的事情放到一边，此时，她对与芭芭拉的这次会面很重视，虽然她还不知道这个计划与凯马特相关。

这次面谈安排在安迪的办公室，芭芭拉·施耐德给玛莎开出了十分诱人的条件，其中包括：玛莎将成为全国门店里，家居用品和厨房用品的唯一代言人，这正符合她"家政专家"的形象；同时，在书籍区还将开设玛莎图书系列的专柜，供大家购买；更令玛莎意外的是，他们还会设计一款印上玛莎·斯图尔特名字的产品。

芭芭拉告诉玛莎，她所代表的企业还将每年提供给玛莎一笔固定的收入，而且还将承担起玛莎前往各门店宣传时的一切费用。直到最后，芭芭拉才告诉玛莎她代表的企业是凯马特，玛莎听后长叹了一口气，显得很失望。

看到玛莎的反应，芭芭拉立即解释说，凯马特在全美国有2300多家门店，每一家门店都会销售玛莎的图书以及以她的名字命名的商品，玛莎的脸色这才缓和了一些。

就这样，1987年7月6日，玛莎·斯图尔特和凯马特签约，成为凯马特的形象代言人。凯马特全国的各门店都挂上了玛莎的巨幅海报，超市里家居和厨房用品的货架上也立满了玛莎的宣传板，她的面孔无处不在，关于她和凯马特合作的新闻报道也铺天盖地。

实际上，这份为期5年，佣金200万美元的合同，对玛莎来说微不足道，但搭上了凯马特这趟"顺风车"，她就能构建自己的品牌，打下自己的江山，这次合作将会给她带来更多附加的财富。

虽然玛莎只是一个形象代言人，但她希望所有印上她名字的产品从设计、制造到上市，她都能参与其中。她设计的家居用品摆上凯马特的货架——床单、杯子、宠物用的梳子，还有"玛莎·斯图尔特"标示的食品——黄油、火腿和蔬菜。这些印有玛莎品牌的商品，每销售出一件，凯马特都会支付给玛莎一笔使用费。

很快，家庭主妇们都为拥有一件"玛莎·斯图尔特"牌的商品感到荣幸，所有印有她名字的商品卖得都很好，最重要的一点，玛莎的代言成功地扭转了凯马特的廉价形象。可以说，玛莎和凯马特的合作既是成功的商业案例，也是玛莎事业决策上重要的一步。这种双赢的局面是他们乐意见到的，也正是源于这次合作，让玛莎成了世界上最有钱和最有名的女人之一。

3. 电视新人

自从玛莎的图书风靡全国之后，她的事业逐渐明朗，家政领域给她带来了巨大收益，而与凯马特合作则让她的事业更上一层楼，可是玛莎并未因此感到满足。在成为家喻户晓的明星后，玛莎最大的愿望就是能做一档自己喜欢的电视节目。

年轻时的模特生涯让玛莎在面对电视镜头时一点也不陌生，现在她的美食生意成功、畅销书热卖，还有成为凯马特的代言人，这些事情让玛莎在公众面前的曝光率越来越高。不管是作为畅销书作家接受电视台采访，还是作为"家政专家"进行电视演讲，玛莎只是收取一些酬金，并未参与节目制作。

当时CBS的一档早间节目《今日秀》邀请玛莎担任嘉宾，栏目组多次专程前往"火鸡山农场"采访玛莎，他们与玛莎一起准备感恩节的美食，还在装潢得精美绝伦的厨房里一起享用午后咖啡和糕点。

　　对于玛莎在节目里的表现，《今日秀》的制作人很满意，他提出，希望玛莎可以固定担任节目的嘉宾，玛莎接受了这个建议。在以后几期的节目中，玛莎虽然是以嘉宾的身份出现，但实际上，她就是主持人，节目的节奏完全由她掌控。在节目中，她会教给大家一些家政技巧，而且每天出镜半个小时。

　　因为有了玛莎的固定出演，《今日秀》的收视率一路飙升，电视台为此专门发行了录影带，结果同样大受欢迎。玛莎还将录影带作为礼物送给了皇冠出版社的董事长艾伦·米尔肯，玛莎非常感谢他，《消闲》的成功米尔肯功不可没。

　　虽然玛莎上了电视，但她并不满足于每天只是教给观众一些家政技巧，她认为自己可以开发出更有趣的节目，她把自己的想法与CBS的高层进行了交流，但得到的回复却是他们暂时不会开辟新的栏目，因此，玛莎辞掉了做《今日秀》的固定嘉宾。

　　通过朋友介绍，玛莎认识了彼得·墨瑞，他在华盛顿一家公共电视台的一个制作中心当主任。作为电视行业的佼佼者，彼得对玛莎的关注度相当高，他认为玛莎天生就应该是电视人，而她的故事就是彼得一直追寻的，那就是一档全新的原创节目。

　　彼得知道，玛莎的事业发展势如破竹，电视荧屏终会有她的一席之地。因此，玛莎和彼得一拍即合，很快商定好节目的内容和形式。他们想要做一档关于时尚生活的节目，节目的主题不是美食、家居，而是玛莎本人，要知道，她的一举一动都会受到人们关注。

　　不到一个月，节目脚本顺利拍摄完成，同时也找到了一个赞助商。可是不久，彼得·墨瑞辞去职务，离开了电视行业，制作中心的新主任并不看好这档节目，所以节目被搁置了很长时间都没有消息。

玛莎并没有因为节目夭折而气馁，相反，她通过这次参与制作节目学到了许多经验，并且掌握了怎么引起媒体关注，她要上电视的想法也更加坚定，因为她发现了电视市场潜藏的价值。

利用自己的人脉资源，玛莎与波士顿的WGBH电视台达成协议，他们出品一档以玛莎为主角的邮购类节目——《玛莎·斯图尔特与你共度假期》。这是玛莎第一档真正意义上的电视节目，无论是节目内容还是细节，玛莎都参与其中。节目播出的时间是感恩节，而录制工作在6个月前就已经完成。

节目播出后，观众反响非常热烈，人们对"家政专家"可以出现在这样一档平民节目里感到惊奇，节目中玛莎亲切又风趣，大家都为她展现出的魅力所倾倒。这次的节目堪称完美，玛莎的"粉丝"们更加疯狂了，一时间，电视台收到了很多观众的来信和电话，希望玛莎可以继续出现在电视荧屏上的呼声越来越高。

对此，玛莎感到很欣慰，更增加了她做电视节目的信心，她要继续巩固自己的荧幕形象。玛莎知道，作为电视新人，她必须付出更多努力。此外，玛莎要确保自己的想法就是观众想要的，还必须是观众从未见过的，所以，她将选择独特的视角制作电视节目。

这对玛莎来说并不难，一个新颖的节目选题很快就敲定了下来。玛莎看中了"火鸡山农场"附近的另一所老房子，但是她不想自己出资购买，尽管她已经非常富有。精明的她巧妙地说服了凯马特的总裁乔·安托尼尼帮她出资买下。

后面的事就是节目的重点所在，她要重新装修这处老房子，并把整个过程拍下来作为录影带出售。在这方面，玛莎已经驾轻就熟，她的几处房产都是由她亲自参与翻修，并且每一处房屋翻修后都显出了勃勃生机。

玛莎很早就观察到，房屋翻修与装潢是一个庞大的市场，男人们每个假日都会抽出时间打理自家草坪和整修房屋，女人们则总是不满意壁纸的花色和吊灯。所以，做这样一档指南节目是非常必要的。

这一次，玛莎终于不用再自己动手翻修房屋了，她只需要讲解和指挥工人们干活就行，与之前房屋翻修一样，这间老屋翻修的整体设计和思路都是玛莎自己的主意，节目陆续拍摄了一年之久，但对玛莎来说，花费这么长的时间是值得的。

玛莎的"粉丝们"再一次证明了玛莎的魅力以及她决策的英明，录影带在凯马特各门店和各大书店、音像店同期面市，销量一飞冲天，玛莎再一次成了当下最为火热的明星，很显然她已经成为一个时代的象征。

翻修房屋的录影带让玛莎这个电视新人在电视领域取得了巨大成功，她更是凭借这些经验和技巧，在日后制作出了更多令人津津乐道的电视节目。她做这些的目的只有一个，就是希望读者和观众们愿意改善自己的生活。

4. 婚姻结束

在玛莎录制第一档电视节目的同时，她还着手准备着一本书——《婚礼宴席》。这本书在1987年春季的时候出版，当然，这本书出版后，也和她的其他作品一样，得到了评论家的好评和读者们的追捧。

《纽约时报》还对这本书进行了高度赞扬，的确，这本书不仅制作华美，全书穿插的精美图片令人爱不释手，文字更是在字里行间流露出浪漫的气息。这本书完美展现了美国20世纪80年代的社会境况，书中把新娘描绘成全社会都膜拜的偶像。

这本书圆了许多女孩的梦，同时也能看到玛莎的影子，看到她自始至终追寻的生活方式。更为令人感动的是，在图书的献词里，玛莎深情地表达了对丈夫安迪的感谢，她感谢安迪给她的美好回忆，同时，献词也对女儿莱西即将到来的婚礼抒发了喜悦的心情，最后还附上了几张安迪和玛莎结婚时的照片。

可是没人能想到，就在《婚礼宴席》如火如荼地出版之际，玛莎和安迪近27年的婚姻已经走到了尽头。纽约的一家主流媒体首先报道了这一消息：这对人前恩爱有加的模范夫妻其实已经分居，而且安迪·斯图尔特已经在纽约寻找合适的公寓。

玛莎立即对这一新闻进行回应，她和安迪否认他们的婚姻触礁，离婚完全是子虚乌有的事情。玛莎坚称她和安迪的关系很融洽。离婚报道在这个时候出现令玛莎十分尴尬，因为她正以婚礼权威专家的身份在全国巡回宣传新书。

但事实上，安迪的确已经搬出了"火鸡山农场"，他对他们的婚姻失去了信心。在此之前，安迪与玛莎的婚姻早就出现了问题，只是因为安迪生病住院，所以他们的关系得到了暂时的缓和，但那根本没有解决任何问题。

在搬出"火鸡山农场"之前，安迪和玛莎也一起努力过，他们咨询了婚姻专家，希望能够找到挽救他们婚姻的办法，但是这样做了之后依然没有什么效果。安迪非常痛苦，他只能承认婚姻失败，但玛莎请求安迪暂时不要结束婚姻，因为她的《婚礼宴席》出版在即，如果这时出现离婚的丑闻，对这本书肯定没有什么好处。

玛莎想要通过这本书的出版树立自己婚礼专家的地位，因为这本书，她首次出现在美国脱口秀女王奥普拉的节目中，她还准备了一个盛大的新书首发仪式。

面对安迪坦诚的态度，玛莎很想挽回这段婚姻，她找到皇冠出版社的董事长艾伦·米尔肯，请他为自己出谋划策。

米尔肯直白地告诉玛莎，离婚会给她带来很多麻烦，这件事情会让她很难处理。毕竟玛莎和安迪曾经那么相爱，米尔肯看得出来，玛莎很不希望结束这段婚姻。但是现在的问题在于安迪，他太孤独了，玛莎全身心地投入到事业中，已经没有精力顾及安迪的感受了，这也是他想离婚的一个重要原因。

安迪在离婚后告诉朋友说，他决定离开玛莎是因为他感觉玛莎不再像从前一样好相处了，事业的成就和压力让玛莎变得自私、不诚实、不友善，加上玛莎本身的火爆脾气，经常很粗鲁、很尖酸，这些让安迪感觉透不过气来。

在经历了多番沟通无果后，玛莎也只能接受安迪的离婚请求，即使她还对他们的婚姻抱有一丝希望。玛莎和安迪达成协议，离婚手续要等到新书出版的工作全部结束以后才能办理，在此期间，安迪在媒体面前要配合玛莎，继续维护他们模范夫妻的形象。

就在《婚礼宴席》出版后的第二年，安迪向纽约法院提出离婚诉讼，同时请求法院对夫妻共同财产进行分割。安迪没有想到，原本只需半年的司法程序竟然拖延了好几年。主要的原因是玛莎在财产分割上提出了异议，她认为，婚姻解体是安迪的意愿，也是他主动从家中搬走，那么他就应该净身出户。

玛莎一直在拖延离婚这件事，但是最终，她还是接受了法院寄来的离婚诉讼文件，不过，她主张法院对离婚案全程听证以及记录保密。毕竟作为商界名流和凯马特的形象代言人，如果法院公开诉讼记录，全国媒体势必会铺天盖地地报道，这样会有损她的声望，也会损害凯马特的形象。

法院受理离婚诉讼没多久，玛莎和安迪又出现了新的状况。因为玛莎发现，安迪在起诉离婚之前就有了新欢，玛莎感到被安迪羞辱、蒙骗了。这个女人叫罗宾·法尔克劳，曾在玛莎餐饮生意刚起步的时候，担任玛莎的助理，玛莎认准他们二人暗地里背着她来往了好几年。

骄傲的玛莎面对安迪的背叛感到异常愤怒，她气急败坏地指责安迪通奸，甚至多次跑到他的办公室吵闹。事情愈演愈烈，安迪坚决否认玛莎的指责，他们各执一词上演了一场激烈的交锋，针对这些问题离婚案持续了两年之久。1990年7月，法院下达了最终裁决，结束了斯图尔特夫妇的婚姻。

剩下的事情就是进行财产分配，玛莎获得了"火鸡山农场"的一切，包括他们夫妻二人的现金和证券，并且，康涅狄格州的一处房产也分给玛莎，她把那处房产送给了她的母亲和妹妹。安迪则得到米德菲尔德的那处乡间房屋以及一些土地。

最后，根据双方和解协议所述，玛莎还要一次性支付给安迪150万美元，因为毕竟"火鸡山农场"是他们夫妻共同财产的一部分。玛莎已经占了很大便宜，但是她还是拒绝支付这笔钱，安迪被迫再次起诉请求法院强制玛莎履行和解协议。最终，这笔钱在安迪离婚5年后才收到。

玛莎和安迪婚姻的结束是迟早的事情，安迪曾经在文章中写道："我们都太年轻，不懂事。如果当时我们推迟几年结婚，我们也许就永远不会有后来的经历。"

5.《玛莎·斯图尔特生活》

玛莎和安迪婚姻结束的第四年，安迪迎娶了罗宾，开始了新生活。而玛莎的事业并没有因为婚姻的挫折而受到影响，依旧青云直上，她与凯马特的合作很稳定，她坚定不移地积累着财富和名气。

玛莎想要把自己的事业推向一个更高的阶段，她开始考虑成立一个自己的出版公司，这样就可以更方便地出版她喜欢的图书音像和杂志，并且全部的内容、风格以及设计都将由她来决定。

玛莎找到老朋友艾伦·米尔肯，希望皇冠出版社可以助她一臂之力，但此时，整个美国股市突然暴跌到令人难以置信的地步，没人知道这种下滑的趋势会持续到什么时候，皇冠出版社在这次经济危机中受到震动，所以，艾伦·米尔肯只好遗憾地表示，自己爱莫能助。

玛莎并没有放弃，她带着自己想成立出版公司的想法找到了纽约著名的图书经销商时代生活有限公司，但是，在这里她同样遭到了回绝。这时，玛莎决定变通一下，暂时先不考虑成立出版公司的事情。

作为家政领域的开拓者，玛莎一直想要创办一本家政生活类的期刊，她的这一想法得到了米尔肯的支持和帮助，他把玛莎引荐给美国杂志界的前辈纽豪斯。可是由于玛莎的杂志方案与纽豪斯出版集团格格不入，最终也被婉言谢绝。但米尔肯和纽豪斯的交情很深，所以纽豪斯帮助玛莎重新设计了杂志的整体风格与结构，这让玛莎受益匪浅。

经过纽豪斯的指点,玛莎对自己的杂志方案更有信心了,于是主动找上美国著名的杂志出版商康德纳斯特,可是仍旧无果。接下来,她拿着杂志样本找到传媒大亨默多克,最后还是无功而返。

这样兜了一圈后,玛莎还是回头找到时代生活有限公司,此时,由于企业合并,时代生活有限公司已经变成了时代华纳投资有限公司,成了势头最为强劲的图书杂志出版商。接待玛莎的是克里斯·明格这位有纽约传媒小巨人之称的时代华纳投资有限公司总裁。

玛莎与克里斯进行了一场艰苦的谈判,最终玛莎落了下风。在谈判中,克里斯明确指出了玛莎杂志方案的风险与不足,毕竟当时很多杂志社已经关门大吉。玛莎明白克里斯所担心的销量问题,但是她认为现在恰好是这本杂志横空出世的好时机,这是一个值得冒险的挑战。

克里斯清楚新杂志能否成功完全取决于玛莎的个人品牌效应以及整个市场对她的认可度,这一切很难预料。不过,玛莎的远见卓识与非凡魄力还是令克里斯敬佩,经过大量讨论和调查市场后,时代华纳投资有限公司决定发行玛莎的杂志。

由于市场前景不明朗,时代华纳投资有限公司准备先制作两期试刊投放市场,以便观察读者们的反应。而且试刊全部图片与文字都由玛莎一人完成,时代华纳投资有限公司只提供相应的技术支持。

但玛莎以前只给杂志投稿,并没有出版发行经验,更没有广告与发行渠道和人脉,所以,时代华纳投资有限公司不会让她坐享其成,玛莎只能担任杂志总编辑,领取工资与奖金。如此,时代华纳投资有限公司不仅极大地降低了风险,而且最大限度地获得了杂志的控制权与预期收益。

玛莎做出让步与时代华纳投资有限公司签署了协议，虽然现在她为时代华纳投资有限公司效力，但至少杂志的内容是由她决定，打出的品牌还是她，所以玛莎觉得，只要自己愿意，那么就可以随时收回对杂志的控制权。

1991年，《玛莎·斯图尔特生活》试行版面市，内容分为《玛莎插花》《玛莎穿羊毛衫》《玛莎装饰圣诞树》等几大版块。杂志主要面向年龄25—50岁之间、兼职工作、住房条件良好的女性。杂志通过大量精美的图片与优雅的文字，一如既往地传达了玛莎那些实用又有质感的生活理念。

结果出乎所有人意料，时代华纳投资有限公司向报摊派送的25万本很快销售一空，并且破了杂志销售的纪录。如此好的市场反应玛莎一点都没有感到意外。她知道自己在做什么，知道读者想要什么，下一步该怎么做。

第二期杂志的广告很快翻了一番。《玛莎·斯图尔特生活》取得了巨大成功，很快从试行刊转为季刊，季刊转为双月刊，双月刊变成月刊。发行量从25万涨到50万，50万涨到100万，100万涨到200万。

玛莎创造了美国传媒发行界的传奇，这一切让时代华纳投资有限公司的高层们瞠目结舌，人人都觉得玛莎具有一种魔力，她就像是一棵摇钱树一样，整个美国乃至整个世界都会为玛莎而倾倒。

同年6月，玛莎与时代华纳投资有限公司签订了一份为期10年的合同，合同内容包括制作电视节目、录像带以及书刊发行。时代华纳投资有限公司还特意成立了一个子公司，接管玛莎的图书、新杂志以及录像的出版与发行等，还替玛莎办起了邮购服务。

玛莎家政杂志的成功不但拯救了低迷的传媒市场，更带动了一大批家居生活类杂志的新生，但它们都无法与《玛莎·斯图尔特生活》相提并论，因为没人能取代玛莎在家居家政界的位置。

接下来，玛莎紧锣密鼓地准备实行自己的下一步计划，她向时代华纳投资有限公司表示自己想做一档电视节目，节目名字也叫《玛莎·斯图尔特生活》，由她亲自主持，每次半小时，每周播出一次，时代华纳投资有限公司很快为玛莎安排好一切，节目将面向全国播出。

短短几个月，《玛莎·斯图尔特生活》就成为上午时段最受欢迎的女性题材的电视节目，并且还获得了包括艾美奖在内的多项大奖，节目时间也从半小时延长到一小时，连总统夫人希拉里都喜欢去做嘉宾。

玛莎彻底成了大明星、万人迷、千万富翁。她的书、杂志、专栏，再加上电视与广播节目，可同时接触8800万人，其中近千万人是忠实粉丝。不要说玛莎的发型，就是她随便穿一件羊毛衫，都能引领一股时尚潮流。离开她，许多人不知道怎样做家务，甚至找不到生活的意义。

就连玛莎的亲友也都惊叹于她惊人的能量，她的雄心壮志终于让自己成为美国知名度最高的女性之一，《玛莎·斯图尔特生活》的杂志和电视节目彻底让玛莎这个"家政女皇"的时代全面来临，同时也让玛莎的事业达到了一个前所未有的高度。她的权威、专业、广覆盖面不仅让人们对她信服，更是将她当作神一样膜拜。

第六章 突如其来的官司

1. 玛莎的商业帝国

1993年，玛莎·斯图尔特的生意早已经遍地开花，她所创造的财富也已经到了令人咋舌的地步，她显然已经成为大众生活中不可或缺的一股影响力。

可是令玛莎感到苦恼的是，虽然她的事业版图已经逐渐有了大企业的影子，但还是显得杂乱无章，缺乏统一的管理。玛莎清楚她现在需要将不同领域里的事业进行统一调度与安排，进而制定统一的工作计划，继续推动自己的事业，并且这样也能够完全掌控事业发展带来的财富。

首先，玛莎需要帮手——可以协助自己的聪明人。自从和前夫安迪离婚后，玛莎公司在管理和法律方面显得有些薄弱，毕竟之前一直是安迪在处理这些。所以，玛莎知道当下她的公司非常需要这两方面的人才。

于是，玛莎慕名找到了莎朗·帕特里克管理与咨询公司的老板莎朗，这个女强人同玛莎一样，有见识、有魄力。在合作谈拢后，莎朗出面帮助玛莎请到了纽约大名鼎鼎的首席律师艾伦·格鲁伯曼，这令玛莎惊喜万分，她知道艾伦专门为富豪和社会名流当律师，而且特别擅长为娱乐圈的顶级大腕明星谈合约。

这两位的加盟对于玛莎的事业发展有着天大的好处，同时玛莎也深深感受到了成功带来的巨大利益。因为当她的事业还在成长阶段时，艾伦和莎朗根本不认识她，但是现在，玛莎的名气和成就足以吸引他们这样的精英与之并肩合作，也正是通过艾伦，玛莎学到了很多高深的谈判技巧。

艾伦还有莎朗很快就和玛莎达成默契，成为她身边最为得力的助手和顾问。他们对玛莎现在的事业进行了梳理，并提出相应的建议，在这些建议中，最重要的一点就是调整和改变她与时代华纳投资有限公司、凯马特还有其他公司的关系，并且争取到"话语权"。

玛莎的书由皇冠出版社出版，《玛莎·斯图尔特生活》杂志及电视节目受制于时代华纳投资有限公司，"玛莎每日"系列产品的开发需要看凯马特的脸色，甚至连她的一档专栏《请教玛莎》的内容形式都要听从《纽约时报》的安排。玛莎如果想实现一个创意的多渠道传播，不仅需要给各路"神仙"烧香，而且还只能得到收益的尾数部分。

这种处于四分五裂的割据局面的家政事业，让玛莎无法接受。《玛莎·斯图尔特生活》杂志以及电视节目取得的巨大成功，给时代华纳投资有限公司带来了财路，可玛莎却只能拿着一份微不足道的基本工资。这种不平衡感越来越明显，玛莎觉得自己才是事件的主题，她是信息的源头，她是品牌的化身，无论是杂志、电视节目还是别的事情。

玛莎决意不再为他人打工，她要获得更多，并且一定要收回《玛莎·斯图尔特生活》杂志的控制权。在艾伦的帮助下，玛莎和时代华纳投资有限公司重新谈判，签署了一份合同，这次玛莎的待遇比之前好了很多。

时隔两年，玛莎和时代华纳投资有限公司又签署了一份新合同。这一次她向时代华纳投资有限公司提出了更多要求，比如：要求获得时代华纳投资有限公司资产净值的一个百分比。这样的要求在业内被认为是不合理的，而玛莎正是希望用这种激将法令时代华纳投资有限公司中止他们之间的合作，这样她就可以完全拥有自己打下的江山了。

1996年，美国媒体行业出现了一股新兴热潮，越来越多的公司通过互联网开展起了业务，并且迅速得到了大众的认可，一笔笔的财富就靠着网络这个媒介赚来。作为电视报刊上的名人，玛莎急切地希望挣脱时代华纳投资有限公司的掌控。在莎朗的筹划下，他们制定了买下部分股份的计划，准备退出时代华纳。

但是收回控股权实在不容易，时代华纳投资有限公司的资产已经价格惊人，玛莎就是想回收也非常吃力。更加棘手的是时代出版投资公司从一开始就知道，如果杂志走红，玛莎有一天会赎回控制权，所以他们早已提前进行了一些反赎回策略。为此，玛莎她们不得不耐心地寻找机会，精心安排。

1997年初，在缜密的安排、谈判、资金到位后，玛莎的期盼终于成为现实：掌握事业的"话语权"。她也为此支付给时代华纳投资有限公司7500万美元的高额"赎金"。随后，玛莎宣布成立玛莎·斯图尔特生活全媒体有限公司，玛莎出任公司董事长，莎朗·帕特里克担任首席执行官。

此时玛莎·斯图尔特生活全媒体有限公司可以看作是时代华纳投资有限公司的全资子公司，这个情况一直持续到上市前夕，时代华纳投资有限公司才同意将玛莎·斯图尔特生活全媒体有限公司与玛莎·斯图尔特有限公司合并，但控制权仍在时代华纳手中，玛莎拥有公司70.4%的股份和96%的投票权。在此期间，玛莎对其他家政产业控制权的赎回穿插进行，相对顺利一些。

1999年10月19日，玛莎·斯图尔特生活全媒体有限公司成功进驻了纽约证券交易所。这是美国出版界历史上最为成功的公开上市，同时玛莎也成了美国历史上第一位拥有自己媒体上市公司的女性亿万富翁。

在第一个交易日中,玛莎的股票价格为每股37.25美元,相当于首次公开募股价的三倍,她的净资产涨到12.7亿美元。

玛莎主持的节目曾被翻译成多种语言,在全球300多个电视台和广播电台播出。200多家报纸同步刊出她撰写的专栏。以玛莎·斯图尔特命名的家居用品在全球几千个销售网点热卖。而她公司旗下拥有的图书、杂志、广播、电视、录像、报纸专栏、特许经营等七大业务,年收入近3亿美元。

玛莎终于把她对完美家居的追求变成了一个商业帝国,从这时起,她所说过的话、做过的事、提出的建议,都会有人记录下来。放眼全世界,像她这样杰出的女性屈指可数,玛莎已然站到了世界的顶端。

2. 不得不提的两个男人

玛莎·斯图尔特,这个成长在新泽西州普通工薪阶层社区的女性,白手起家使自己成了亿万富翁,同时也成为不折不扣的媒体大亨,她所缔造的传奇就是真正的"美国梦"。玛莎·斯图尔特生活全媒体有限公司的成功上市让玛莎这个活品牌占据了家政行业的中央位置,她的其他生意正在从这个中心慢慢向外辐射。

玛莎毫无疑问是美国关注度最高的女性之一。她的一言一行都被放大在人们眼前,人们崇拜她,模仿她也会嘲讽她,正因为这样,玛莎才能够一直出现在报刊版面最显眼的地方。在大众眼中,玛莎有头脑、有远见,她的商业手腕和技巧令很多男人都为之叹服。而除了前夫安迪对她的事业有过重要帮助之外，还有两个男人与玛莎有着密不可分的关系，同时也对她的事业产生了巨大影响。

在玛莎经营餐饮公司时，她已经有能力邀请富豪与社会名流出席她的派对，并且她的聚会上座率很高，同时她也会受邀出席或主持一些慈善活动。就在一次小型的慈善晚会上，玛莎第一次见到了萨姆·沃克萨尔，这位来自纽约的知名学者、企业家和投资家。

萨姆在上流的社交圈里很有名，他住在纽约上流社会聚集的长岛别墅里。他的父亲是一位二战中存活下来的犹太人，萨姆在俄亥俄州代顿市长大。作为知名的免疫学博士以及学者，萨姆先后受雇于斯坦福大学、美国国家癌症研究中心等机构。1985年，萨姆·沃克萨尔创办了英克隆生物技术有限公司。

在这次聚会上，通过玛莎的介绍，萨姆认识了正在巴纳德女子学院就读的莱西，两个人很投机，后来开始交往。虽然萨姆与莱西的年龄相差很大，并且相貌平平，但是莱西并不在乎这些，她认为他们之间的感情是真爱，甚至经常和萨姆一起住在"火鸡山农场"。

在交往了一段时间后，莱西与萨姆和平分手，这件事并没有影响到萨姆和玛莎的关系，他们仍旧像曾经那样保持着日常联系。也是从这时候开始，玛莎与萨姆之间的关系变得有些微妙，他们经常一同出席一些社交晚会，这样的形影不离令人们感到好奇，时常私下猜测他们二人真正的关系。

事实也的确如此，萨姆觉得他和玛莎是同道中人，从经历到行事作为都很相像，最重要的一点，萨姆和玛莎的事业有很多交集点。他除了继续投资莱西在业余时间经营的生意外，也与玛莎开始了经济往来。

当时很多名人都在英克隆公司投资，并且收益颇丰，这样的机会玛莎自然不会错过。萨姆常常指导玛莎进行投资，给她一些好的建议，在这方面，他教会了玛莎很多东西，而且让玛莎赚了不少钱。

1998年夏天，萨姆的女儿结婚，玛莎专门在自己的《玛莎·斯图尔特生活》杂志上大篇幅地报道了这场婚礼，为萨姆挣得不少面子，也使得他们的关系更为亲近。

其实，玛莎对萨姆是发自心底的敬佩，因为他与自己一样，都有着卑微的出身，克服一路艰辛走到现在的位置。还有一点就是萨姆有本事吸引世界各地的大富豪和企业大亨们，参加他举办的奢华聚会，同时说服他们对他的公司进行投资，这样的人脉和商业手腕是玛莎最为看重的。

在玛莎的未来生活中还有一个男人发挥了重要的作用，他就是彼得·巴克诺维奇。在"火鸡山农场"的一次聚会上，玛莎认识了还在哥伦比亚大学读大四的彼得，他当时作为莱西的同学出席了这次聚会。

彼得出生在纽约的一个上流社会家庭，玛莎对他的印象很深，尤其是他的家庭背景和英俊的外貌。玛莎觉得他与莱西简直就是天造地设的一对璧人，她很希望他们能够在一起。为了撮合他们，玛莎介绍彼得到英克隆公司工作，这令彼得感激不已。

在英克隆工作了两年后，彼得加盟了世界著名的金融管理咨询公司美林证券，成了一名股票经纪人。随后他专门为玛莎、萨姆以及玛莎当证券经纪人时的朋友玛瑞亚娜·帕斯特纳克夫妇建立了投资管理账户，为他们担任股票顾问，这期间，彼得帮助玛莎和萨姆创造了不少收益。

玛莎他们几个人的关系越来越密切，这种互利互惠的合作一直持续了很长时间。可是玛莎没有想到，正是因为与这两个男人合作，才会发生后来引起她人生动荡的大事件，并且这件事差点就毁了她一手打造的家政王国。

3. 错综复杂的商业关系

20世纪90年代，世界各地都掀起了创业热潮，越来越多的人开始打破束缚，开创新的领域，证明自己、成就自己。其中的佼佼者当然是大集团企业的董事长，他们的创业史和发家史总能成为美谈被人传颂。

时间到了2001年，所有情况发生了逆转，股市从牛市一路暴跌到了熊市，很多人一夜之间一无所有，惊慌失措的投资者们拼命抛售手中的股票，尽全力避免损失。一些企业因此而破产倒闭，还有许多企业需要缩小规模和大幅裁员，只有这样才能勉强度日，这些企业中甚至包括那些以创造创业奇迹闻名的亿万富豪的企业。

这时候，无论投资者还是企业员工，都会发现自己应得的财富缩水了。这是一个艰难的时期，玛莎和其他董事长一样，必须面对大众的批评和指责，尤其是她的明星企业。

股市崩盘令整个美国社会动荡不安，美国证监会密切注意着当时所发生的一切，并且展开了对洗钱和内幕交易的调查，他们的责任就是找出谁在兴风作浪。美国证监会成立了监督调查小组开始对以安然有限公司为首的许多企业展开调查。

安然有限公司是当时世界上最大的电力、天然气以及电讯公司，它是大家公认的优秀企业，公司连续6年被财富杂志评选为"美国最具创新精神公司"。然而，2001年12月，这个拥有上百亿资产的公司宣告破产，原因竟然是安然公司持续多年财务造假。

经过监督调查小组的深入调查后，真相逐渐浮出水面。令人唏嘘的是，在公众面前一直保持良好形象的安然公司，从1997年到2001年间虚构盈利5.86亿美元，并且隐藏3.12亿美元的沉重债务，这样大的缺口根本堵不上。从那时起，"安然"已经成为公司欺诈以及堕落的象征。

在这次事件中受到牵连最大的就是为安然公司提供内部审计和咨询服务的安达信会计师事务所。这个美国老牌儿的事务所已经与安然公司进行了长达16年的合作，在得知监督调查小组对安然公司财务状况进行调查时，安达信销毁了关于安然公司近千页的文件和电脑记录。

在安然公司破产后，安达信承认了销毁文件这一行为，随后美国司法部对它提起刑事诉讼，罪名是妨碍司法公正，从而开创了美国历史上第一起大型会计行受到刑事调查的案例。

事实上，美国证监局调查发现，安然公司的雇员中居然有100多位来自安达信，包括首席会计师和财务总监等高级职员，而在董事会中，有一半的董事与安达信有着直接或间接的联系。

这样的丑闻震惊了整个美国商业圈，安然公司的倒台也警醒了世人，同时，卷入这次事件的安达信会计师事务所也令许多和它保持合作的企业感到害怕，因为没有人知道，还会有哪些人被卷入这次事件。

随着安然事件的不断扩散，媒体和民众希望知道答案，到底谁该为这些美国企业的龌龊行为负责？发生这样的事情从大方面说影响了整个美国经济，从小方面说损害了投资者们的利益。人们纷纷揣测这次事件仅仅是冰山一角，还会有更多的问题浮现出来。

调查人员顺藤摸瓜进行了深入调查，所有与安然有过交往记录的企业都成了调查对象，这其中就包括玛莎·斯图尔特生活全媒体有限公司和英克隆生物技术有限公司，这两家公司与安然的关系非常密切，尤为明显的是，他们聘用了同一家审计公司，就是安达信，三家公司的董事长又拥有共同的人脉以及董事会成员。

这些千丝万缕的交集被调查人员紧紧抓住不放，没人认为这些事情纯属巧合，英克隆公司成了第一个被调查的公司，调查人员怀疑其存在内幕交易。玛莎·斯图尔特生活全媒体有限公司直到2002年初才被调查。

这期间，玛莎一直有些担心，因为她持有英克隆公司的股份，加上她与萨姆·沃克萨尔的交往过密。如果英克隆公司有什么问题玛莎也会被牵连进来，毕竟现在是敏感时期，经济低迷一蹶不振，他们这些大老板已经成了众矢之的，现在一切都得小心为妙。

4. 英克隆董事长的秘密

英克隆生物技术有限公司成立于1984年，一路走来几经波折，在新药研发失败后，公司高层将重心转移，寻求新的出路。通过与加州大学分校签署技术转让协议开始聚焦抗肿瘤药物，从此英克隆生物技术有限公司开始交上好运。

1991年，英克隆生物技术有限公司以每股14美元的价格上市，三年后，抗肿瘤药物"爱必妥"开始进入临床试验阶段，令人鼓舞的是该药的临床试验数据相当可喜，一旦"爱必妥"的成效得到认证，就意味着英克隆生物技术有限公司在医药研发领域将占据主导地位，随之而来的利益也会令人惊叹。

于是，不断有人找到英克隆公司表示想要取得"爱必妥"的经销权，最终，著名的生物技术公司德国默克高价买下了"爱必妥"的欧洲经销权，英克隆公司的董事长萨姆·沃克萨尔对"爱必妥"寄予了厚望。

作为商界名人，萨姆的生活可谓多姿多彩，出身贫寒的他没有理由不放纵自己，他非常懂得享受，花销惊人。但是，即便是他的至亲好友也不了解他实际的经济状况。

这些年为了研发"爱必妥"，英克隆投入了大量资金，以至于公司资金的周转出现了严重的问题，这一点萨姆也无能为力，他只希望"爱必妥"能够尽早通过食品和药物管理局的审批，正式上市销售。

2001年，英克隆经过多番努力，在"爱必妥"三期临床试验结束后，与美国一家多元化医药保健企业百时美施贵宝达成了20亿美元的天价交易，该公司将购买英克隆40%的股份，消息一出，英克隆的股票一路飙升至每股70美元。

萨姆知道现在万事俱备，只欠东风了，对于"爱必妥"的上市，他十分自信，因为药监局已经优先审批了"爱必妥"，所以他提早为自己制定了一个悠闲的圣诞假期，他要抛开生意场上的繁杂，好好地享受一下。

与此同时，玛莎·斯图尔特和美林证券的股票经纪人彼得·巴克诺维奇也在度假中，他们正陶醉在佛罗里达的阳光里。不过，在这次度假出发之前，彼得把玛莎和萨姆等人在英克隆公司投资的股票档案交付给他的助理道格拉斯·范努。

可是，萨姆很快就发现，事情并没有向预想的方向发展。12月26日，正在加勒比海岸的高级度假村里与朋友们把酒言欢的萨姆得到了一个坏消息：食品和药物管理局拒绝批准"爱必妥"上市，理由是此药的疗效还有待观察。

惊闻这一"噩耗",次日萨姆立即启程返回纽约,此时他已经意识到英克隆的股票势必会受到此事的影响,一旦股票暴跌,那自己将蒙受巨大的经济损失,整个英克隆集团也有可能遭受灭顶之灾。

更令萨姆紧张的是,他的亲朋好友全都持有他公司的股份,他们和自己的利益是紧密相连的。虽然法律明文禁止股票内幕交易,但他还是马上通知了他们,让大家以最快的速度抛掉手中的股票。

同时,萨姆紧急联系彼得,但是由于对方正在度假,所以萨姆直接命令彼得的助理道格拉斯·范努,要求他尽快抛空自己和女儿在公司里拥有的90000股股票。萨姆抛出的股票加上亲朋好友抛出的股票总价超过了1000万美元,他不想眼睁睁地看着自己辛苦经营所得的钱,就那样无声无息地消失在股市之中。

道格拉斯在接到萨姆抛空股票的指令后,经过一番努力,终于联系上了彼得,并将这件事告知了对方。随后,彼得立即用电话通知玛莎,但是不巧的是玛莎和她的好朋友玛瑞亚娜正乘坐私人飞机前往墨西哥度假,暂时无法联系到。

彼得只好给玛莎的助理留了一个口信,内容是:我认为英克隆公司正在抛售股票。另外,他还吩咐道格拉斯,一旦玛莎回复电话,马上告诉她萨姆的股票交易。

当玛莎乘坐的飞机在中途添加燃料时,她给助理打电话询问是否有什么留言。当玛莎听到彼得的口信之后,她立刻就拨通了道格拉斯的电话。通过电话,玛莎得知此时英克隆的股票已经下跌了12美元,而且萨姆正在抛售自己的股票。

玛莎听说萨姆在疯狂抛售股票后,也要求道格拉斯帮她抛出所有的4000股股票,然后玛莎通过助理给萨姆留言询问英克隆公司到底发生了什么事情，之后，玛莎继续飞往墨西哥。

飞机上，玛莎颇为自得地告诉玛瑞亚娜她刚刚抛掉了英克隆的股票，并且萨姆也在抛售他公司的股票，她认为这时候能有股票经纪人告诉自己这些内幕是一件再好不过的事情了。

抵达墨西哥后，玛莎赶紧给女儿莱西打电话，她们母女俩的谈话内容就是关于英克隆公司正在发生的事情和她们共同的朋友——萨姆·沃克萨尔。

曾经当过股票经纪人的玛莎此刻全然没有意识到自己已经犯下了一个弥天大错，而这个错误所需要付出的严重代价也是她不能想象的，这一天注定会成为她人生中十分重要的一天！毕竟，在此之前，没有人能够预料到叱咤风云的"家政女王"也会有被撼动的一天！

5. 接受司法调查

2001年12月28日，英克隆生物技术有限公司接到了美国食品和药物管理局发来的长达9页的传真，不予批准"爱必妥"上市的申请。这件事原本可以这么悄声压下，因为管理局长久以来从不公开对企业申请的拒绝，但这一次，在英克隆公司收到传真后，管理局却向大众公布证实了这一消息，这是令萨姆万万没有想到的。

可想而知，在大众得知英克隆生物技术有限公司的新药未能上市之后，纽约证券交易所炸开了锅，英克隆的股票瞬间跌到每股不足9美元。麻烦也随之而来，由于股票交割结算的过程繁杂，加上交割日的延迟，萨姆·沃克萨尔抛售英克隆股票一事终于浮出了水面。

所有买进英克隆股票的股民损失惨重，但是令他们更为愤怒的是英克隆董事长的所作所为，不只因为股票内幕交易是违法行为，更是因为他们感觉遭到了英克隆的欺骗。

与此同时，美国联邦调查局立即对英克隆生物技术有限公司和萨姆展开调查，由于交易数额巨大，这次事件一旦被确认，那么萨姆很有可能会面临最高25年的监禁和巨额罚款。

另一方面，调查人员将调查方向转到萨姆的生意关系网上，他们认为，除了萨姆及其亲朋好友以外，很可能存在其他商业链的股票内幕交易。而重点排查对象就是和萨姆有着非同寻常关系的玛莎·斯图尔特。

好朋友萨姆发生的事令玛莎很担忧，因为她事先得知了英克隆公司内部的商业机密，并且她所持有的4000股英克隆股票也全部在跌暴之前抛售，玛莎知道调查人员一定不会轻易放过此事，所以她和经纪人彼得紧急商讨对策以渡过这次难关。然而这一次，精明的玛莎却没有做出正确的决定，她选择了隐瞒真相。

在英克隆股票内幕交易案的调查中，玛莎和彼得被问到最多的问题就是，玛莎在这次内幕交易中扮演了怎样的角色，她是否参与了此次交易。

在面对调查人员对其提早抛售4000股英克隆股票的质疑时，玛莎解释道，早在2001年秋季例行投资账户检查时，她和经纪人彼得就讨论过英克隆的股票问题。那个时候，玛莎的想法是继续持有英克隆的股票，她认为这些股票的升值空间还很大，这样她的财富也会积累更多。

而彼得的说法是，他的确就是否出手股票一事向玛莎请示，得到的回复是，现在还不是时候，需要继续观望。在向调查人员提交的证词中,彼得说玛莎与他曾有过口头约定,如果英克隆的股票价格到了每股60美元,彼得就将玛莎的股票抛掉,玛莎抛售英克隆股票时的价格是每股58美元。

不得不说这是个聪明的说辞,因为这样的约定在美林证券犹如家常便饭一般,在整个行业里更是无人不知、无人不晓的防止赔钱的命令,但是调查人员要求玛莎出示这样的书面约定时,玛莎却拿不出来。

很快,在确凿的证据面前,萨姆·沃克萨尔——英克隆生物技术有限公司的董事长,承认了他暗中抛售股票的事实。2002年6月12日,萨姆·沃克萨尔被纽约警方逮捕归案。美国证券交易所在当天发布公告,指控萨姆去年12月26日在得知对其公司不利的消息后,提示家人抛售该公司股票。

这样令人震惊的商业丑闻,不只毁了萨姆·沃克萨尔,更是毁了整个英克隆,公司面临的唯一结果就是被"贱卖",这个结果可以稍稍安抚下那些损失惨重的股民。但是,这件事情并没有结束,对内幕交易活动的调查仍在继续。

在萨姆被逮捕后,调查人员将矛头对准了玛莎,一时间,所有报纸媒体新闻的头版头条都是玛莎。不断有声音质疑这位商界女强人,玛莎被推到了风口浪尖上。由于这次丑闻涉及的金钱数额较大、影响过于恶劣,美国联邦调查局和证券交易委员会以及众议院商业部等最高部门都参与到了调查之中。

玛莎涉嫌违法内幕交易股票的消息传出后,她的公关部门立即发表了一份声明,声称其全部的股票交易活动都是合法的,另外还提到了她与彼得的股票出手约定。可是这样一份官方声明不仅让大家觉得玛莎是在掩耳盗铃,更让大家感觉玛莎在公然与法律叫板。

到了这一年的第三季度,玛莎·斯图尔特生活全媒体有限公司的股票市值跌了50%，公司利润也出现了亏损。而且，由于调查工作还在继续，玛莎决定辞去自己所担任的纽约证券交易所董事会理事一职，这个职位一直让玛莎感到很骄傲，对玛莎来说做出这样的决定也是很艰难的。

事态的发展的确没有像玛莎预先想得那么简单，她以为只要坚持不承认自己提前得到消息抛售股票，事情就会很快结束，但是，事实证明这个想法是错误的。她已经成了众矢之的，不但各权威调查机构没有停止对她的调查，而且她的公司和利益也都受到了严重的损害。没有人再关注玛莎的手艺和节目，媒体上出现的也是玛莎的各种负面消息，记者们大肆挖掘着那些能够说明玛莎是如何贪婪、如何冷漠、如何粗暴的事情。

毕竟安然事件的恶劣影响还没有消退，美国上下对高管欺诈与内幕交易恨之入骨。而且，这次的商业丑闻又牵扯到了那么多人的利益，民众们被彻底激怒了，他们要求政府和国会必须还他们一个公道。原本，民众以为出身平凡的玛莎不会像其他人那样剥削自己的血汗钱，但是发生的这些事却让大家对玛莎充满了质疑。

现在，因为一直声称自己没有参与股票内幕交易，玛莎已经骑虎难下，即使她的智囊团也找不到更好的办法尽快平息这次事件，也就是说，玛莎将面临一场充满未知的挑战，一旦失败，她将身败名裂！此时，玛莎真的后悔了。

第七章 致命一击

1. 遭到起诉

2002年9月，玛莎·斯图尔特收到纽约证券交易委员会的通知，告知她，对她提起股票内幕交易的民事指控已经迫在眉睫，很明显他们已经掌握了一些对玛莎不利的新证据。

另一方面，对于玛莎没有采取合作的态度，调查人员已经逐渐失去了耐心。更糟糕的是，玛莎还有可能被迫辞去玛莎·斯图尔特生活全媒体有限公司董事长和总裁的职务，她一手打下的家政帝国已经风雨飘摇。

美国司法部一直碍于玛莎·斯图尔特的名气和影响力所以才没有急于下定论，他们需要权衡利弊。因为玛莎涉及此次交易的罪名一旦成立，玛莎肯定逃不了牢狱之灾，而且玛莎的一些拥护者也希望调查局能够慎重决定。

法律专家们普遍认为，玛莎被裁定犯罪的可能性很小，因为法律上定义的内幕交易是指公司内部高管或员工利用非公开信息买卖股票获利的行为，而玛莎并不是英克隆的员工，如果政府用这个罪名给她定罪是不合理的。

一个月后，英克隆生物技术有限公司的董事长萨姆·沃克萨尔认罪，面对证券欺诈、银行欺诈、做伪证、妨碍司法公正等罪名指控，承认自己在事先得知"爱必妥"被拒绝上市后，企图抛售自己手头的股票，并通知亲朋好友。

最终萨姆被判处七年零三个月的有期徒刑，并交纳了430万美元的罚金和税款。这样的结果可谓是大快人心，媒体为此打出标语：

公司骗子们确实要在监狱里待上一段时间了！萨姆也是华尔街公司丑闻风波中第一名被判重刑的公司高管。

　　萨姆·沃克萨尔的案子是典型的违法股票内幕交易的案例，但玛莎的案子始终存在争议。玛莎凭借和英克隆董事长的关系获得股票内幕交易的情报，抛售了自己的股票，这种行为还从没有成为股票内幕交易案件的审理依据。

　　摆在检察官面前的难题就是，他们必须去证明，玛莎不仅知道英克隆公司的董事长正在抛售股票，还必须知道当时这个信息并没有向公众发布。如果是这样，玛莎就是向政府和大众说了谎，那么检察官就可以控告玛莎妨碍司法公正或者证券欺诈等罪名，否则他们只能对她提出民事指控。

　　媒体狂轰滥炸式的报道对玛莎和她的企业产生了巨大的杀伤力，雪上加霜的是，她的老伙伴凯马特有限公司的生意每况愈下，坚持到这个时候再也撑不下去了，不得已申请了破产保护。玛莎的杂志和广告收入缩水，她的个人财富也出现了波动。

　　玛莎不希望被起诉，她需要一个明确的答案能够解除危机，这个时候检察官还没有拿定主意是否起诉她。玛莎依然积极地出现在媒体面前，她主动参加访谈接受采访，在一次采访中，玛莎说道："我的公众形象一直是值得人们信赖的，我是一个非凡的编辑，是一个时代和现代家政的缔造者，我的事业除了家政还是家政。但是现在，我却被诽谤成了什么样的人？连我自己都感到不能理解。我想说，我为许多人创造了很多美好的东西，但是现在却遭到恶意中伤，简直太不可思议了。"

　　这次采访节目在电视上播出后，玛莎的形象并没有改变多少，相反，很多人认为，玛莎这是在做最后的挣扎。2003年5月，萨姆·沃克萨尔开始到位于费城的监狱服刑，玛莎仍然没有遭到起诉。

调查行动的无限期拖延令玛莎感到烦恼，玛莎想要的结果也迟迟没有出现。检察官向媒体透露，这些都是因为玛莎及其律师团队的不配合导致的，对此玛莎的公关团队和律师团队毫不客气地予以否认。

玛莎的律师团队指出，他们已经很明确地提交了相关文件，并且诚实认真地回答了所有问题，对玛莎的犯罪指控简直是无稽之谈，而调查工作的拖延危害更大，毕竟玛莎是个纯粹的生意人。

一年多的时间，一次又一次的问讯，玛莎都坚称自己是清白的，她的叙述全部是真实的，她之所以卖出那些股票全是因为与股票经纪人的事前约定。但没过多久，彼得的助理道格拉斯·范努告诉调查人员，是彼得指示他告诉玛莎，英克隆董事长萨姆正在抛售公司股票。此外，道格拉斯还曝出去年曾接受礼物，以对玛莎抛售股票一事闷不吭声。

道格拉斯之所以现在才承认此事，是因为他被美林公司开除了，作为彼得的助理，他还是个初出茅庐的新人，在执行上司彼得发布的命令时，他根本没有意识到自己违反了美林证券的规定：不能把一个客户的信息透露给其他人。

正因为这样，被开除了的道格拉斯感到郁闷，当调查人员几次找他谈话调查后，他决定向调查人员坦白一切，这样对自己有好处，因为一旦玛莎等人被定罪，那自己也还是会被牵扯其中，莫不如现在说出真相。

道格拉斯的证词就像一枚重磅炸弹一样，不仅震撼了玛莎，同时也将他的前任上司彼得拖入事件，彼得感到压力顿生。

与此同时，调查人员经过不懈努力，终于争取到了玛莎的朋友玛瑞亚娜的一些证词，因为萨姆抛售英克隆股票当天，她正和玛莎一起乘机旅行。虽然玛瑞亚娜并没有明确表示她知道的一切，但在法律面前，她如道格拉斯一样做出了明智的选择。

玛瑞亚娜向检察官提供了有关玛莎在去年12月27日一些反常举止的线索，当时玛莎的私人飞机在飞往墨西哥的途中临时降落，而玛莎则和某些人通话了很久。

2003年6月4日，玛莎接到了纽约地区检察院检察官的起诉书，指控她犯有妨碍司法调查罪和证券欺诈罪，这两项罪名一旦成立，玛莎的人生就彻底完了。

在此之前，作风强硬的玛莎拒绝使用反对自我归罪的法律特权，宁愿对簿公堂，这样做就等于向法庭宣战，家政女王玛莎·斯图尔特被起诉的消息不胫而走，所有的目光都落在了这场商业官司上。

2. 心理战

遭到起诉的当天，玛莎·斯图尔特辞去了玛莎·斯图尔特生活全媒体有限公司的董事长职务，由首席执行官莎朗·帕特里克出任。虽然玛莎辞去了董事长的职务，但董事会仍然任命她为公司的首席创意总监。媒体蜂拥而至，玛莎·斯图尔特生活全媒体有限公司的大楼门口被记者挤得水泄不通。

玛莎的律师团队依旧竭力否认所有对玛莎的指控，而公司的董事会也明确表示他们将力挺玛莎直到她完胜归来。他们坚持认为玛莎是被冤枉的，她就是一个明星替罪羊，顶替那些没有被光环笼罩但是罪行更加严重的企业犯罪分子。

玛莎的合伙人说："玛莎就是公司本身，绝不仅仅是公司的形象代言人而已。人们选购玛莎·斯图尔特牌的商品就是冲着玛莎这个人去的。"玛莎的"粉丝们"为她经历的遭遇感到愤愤不平，"粉丝团"认为她之所以被当作靶子，纯粹是因为她的社会地位和影响力。正因为如此，他们更加要在这个时候支持她。

在联邦调查局的新闻发布会上，法院指定2004年1月27日为审讯日。法院的发言人表示，如果他们对玛莎的调查和起诉影响了玛莎·斯图尔特生活全媒体有限公司股东们和员工的利益，那他们感到抱歉，但同时，这将是"一场悲剧"。发言人接着又说："如果玛莎·斯图尔特记得她父母对她的教导，不要说谎，那么这一切其实是完全可以避免的。"

同时，调查局也澄清了玛莎"粉丝们"的质疑，他们之所以调查玛莎，并不是因为她的名气如何大，影响力如何深，全都是因为她的所作所为。既然选择这么做了，那么后果也必须自己承受。

在一个阴雨天，玛莎·斯图尔特收到了纽约联邦法院的庭前传唤，现身后的玛莎大步走向法院，她的助理为她撑了一把硕大的伞帮她挡雨，也挡住了她的脸以免被别人看见。当听到法庭对她提出的犯罪指控后，玛莎掷地有声地拒绝了承认自己有罪。她的股票经纪人彼得也在当天受到指控，但他同样不承认有罪，他们最终将在2004年1月同时受审。

离审讯日还有一段时间，玛莎的法律团队制订了一系列方案，目的就是帮助玛莎赢得这场官司，唇枪舌剑是避免不了的，现在，玛莎的辩护律师为她策划了一场声势浩大的公关行动，这将是一次漫长又艰难的"突围"。

在被起诉之前，玛莎一直拒绝公开谈论这次的调查行动，甚至拒绝承认有这么一个调查。但是现在，玛莎希望通过一些方法挽救自己的名誉以及她最为看重的公司。为此，她特意成立了一个网站，叫作"玛莎有话说"，通过网站和报纸这样的媒介，玛莎不断地强调她的看法、观点，目的就是为了煽动支持她的"粉丝"们，让他们知道，自己是个风头强劲的女强人，不会向任何困难低头。

另外，玛莎继续主持她的电视节目，继续与读者观众保持良好的互动，她还积极参加各种社会活动，反而比过去还要繁忙，玛莎曾不止一次地对媒体表示，她很乐观。

在玛莎遭到起诉两个月后，玛莎·斯图尔特生活全媒体有限公司向公众发布了季度亏损数据，并预计全年都将持续亏损状态。新任董事长莎朗·帕特里克强调说，她的工作就是支持玛莎并确保公司正常运行。

11月，玛莎受邀登上了美国著名节目主持人芭芭拉·沃尔特斯的访谈节目。在节目中，玛莎显得很拘谨，她尽可能不去谈论有关审讯的细节，但是她还是提到了过去几个月的日子很艰难。沃尔特斯问玛莎，关于这个案子，她感到最为痛苦的事情是什么，玛莎回答说："我觉得美好的生活被耽误了，同时也影响了我的生活方式。"

玛莎一直在向大众传递一种信息，她是无辜的。这和联邦检察官要做的事情正好相反，他们的调查任务只有一个，就是证明玛莎从头到尾都在说谎，企图掩盖与股票交易有关的真相。检察官指出，玛莎和她的股票经纪人彼得之间达成的那个所谓的约定根本就是一个虚假辩解，如果她仅仅是根据经纪人的建议抛掉股票，那么她根本就不会被调查和起诉。

尽管玛莎和她的团队付出了很多，做了很多事情，但是仍然无法阻止玛莎·斯图尔特生活全媒体有限公司走下坡路。自从完全掌控《玛莎·斯图尔特生活》杂志和电视节目后，玛莎就成了杂志和电视的重中之重。但由于遭到了起诉，玛莎一些引以为傲并颇受欢迎的杂志版块消失了，她的专栏内容也被大篇幅删减，甚至连名字的字体也从过去的醒目大字变成了小号字体。

更有甚者，曾经竭力请求转播她节目的几家电视台竟然把玛莎主持的节目调整到收视率极低的时间档，原因是他们怕影响电视台的收视率减少观众。这种落井下石的做法伤透了玛莎的心，更令她坚定了要打赢官司的决心。

然而，玛莎所要面对的是一大群很难对付的人，这一群人代表了大部分的美国人，他们对企业老板和高管们的评价很差、印象很坏，更别说玛莎这个叱咤风云的女老板了。所以，玛莎知道，此案胜负的关键点就是辩，只要能够辩护成功，她就会被宣判无罪。为此她的律师团队很早便确定了人选并积极备战这次审讯。

一场激烈的博弈即将拉开序幕，公众们都很好奇，玛莎是否会被定罪？如果定罪，是否会去坐牢？如果她去坐牢，那玛莎·斯图尔特生活全媒体有限公司将会怎样？带着这些疑问，人们对这次审讯更加关注了。

3. 交锋

2004年1月27日，在经过几个月的准备以及一年多的媒体连续报道后，对于玛莎·斯图尔特涉嫌欺诈和妨碍司法公正的案件审讯正式开庭。

审讯第一天，玛莎抵达法院的时候，法庭外面已经聚集了一大群人，记者和各电视台的采访部门拿出早已准备好的"长枪短炮"

对准玛莎狂拍。这一群人里还有玛莎的拥护者和反对者，他们聚集在这里，只是为了看一看这位传奇的家政女王，尽管她现在似乎已经成了企业丑闻的"代言人"。

玛莎今天的着装依旧干练高雅，她上身穿了一件黑色呢子外套，下身穿了一条深褐色裤子，脚上穿了一双高跟皮靴，手里提着两只小包。在左右两位保镖的簇拥下，玛莎从车里出来，她用手撩拨开垂在额头的金发，对着聚集在法庭外面的人们挥手致意，然后从容地走进法庭。

此刻没有人知道玛莎在想什么，但是任何人都看得出，法庭是玛莎·斯图尔特最不愿意来的地方。对于无往不胜的玛莎来说，未来的日子很有可能会像梦魇一般跟随着她，不知道她还能否继续做自己喜欢的事情。

负责主审本次案件的法官是来自美国地方检察院的米利亚姆·戈德曼，他将和由8女4男组成的陪审团，就玛莎和彼得抛售股票的行为，电话交谈的内容以及工作报表等做出的解释进行裁定。

很多事情都是未知的，玛莎现在正处于生死存亡的重要关口，现在除了有不利于玛莎的证人和证词，她还将接受金属测谎仪的检测，这些对玛莎来说都是极大的难题。好在陪同她的是一个强大的团队，其中包括她的女儿莱西、女婿同时也是她的私人法律顾问约翰·库迪以及整个精英辩护律师班底。

在法庭上，根据审讯程序，玛莎首先被提取了指纹，随后她听取了检察官对她的各项指控，但是玛莎从容地表达了她的无罪请求。因此，控辩双方一开场就展开了激烈的交锋，显然，大家对这个案子都存在异议。

助理检察官卡伦·帕腾给出了美国政府认为玛莎和彼得妨碍司法公正的理由，他强调，这个案子就是要找出真相，而整个案件其实就是以撒谎掩盖通风报信，而通风报信的结果就是促成了股票内幕交易。

玛莎的首席辩护律师罗伯特·摩尔维洛马上否认了卡伦的控诉，他从玛莎的创业经历和对社会的贡献等方面一一进行辩护，事实上，他一直努力淡化对玛莎的指控罪名。

法院起诉玛莎的重要依据就是他们的首席证人道格拉斯·范努所提供的证词。他在接受调查人员审讯时已经承认此前说了谎话，这将作为辩诉交易的一个组成部分。

对此，玛莎的辩护律师在法庭上据理力争，他们表明玛莎已经遭受到了巨大的伤害，她与她的股票经纪人绝不会为了一桩净收入只有5万美元的交易大费苦心。在他们看来，这个案子根本不值得深究。

玛莎律师的辩护听起来合情合理，但是这个案子不是这么简单就可以解释过去的，第一天的庭审就在这些争论中结束了。全国的媒体每天都在对案件进行持续报道，虽然还有其他的新闻可以报道，但是关于玛莎的案件就好像是一场盛大的演出，玛莎的名人身份，她的明星集团，她的成功，这些都是吸引大众目光的原因。

从星期一到星期五，玛莎·斯图尔特每天都出庭接受审讯，她的风头盖过了所有的电影明星。从头巾到皮包，从服饰到首饰，都显得那么大方得体。更妙的是，她的随行人员每天都在变，其中不乏一些社会名流，其中包括美国著名的喜剧演员比尔·克斯比、著名脱口秀主持人罗西·欧唐纳尔等等。

这其实也是玛莎团队对其进行的一种公关手段，处在风口浪尖上的玛莎现在最需要的就是能量，社会名流们愿意在这么敏感的时期站在玛莎的身边，这无疑是向公众们传达了一个信息——我们相信玛莎，我们愿意陪她渡过难关。

对玛莎案件进行报道的媒体五花八门，其中包括《时代》周刊《人物》周刊《名利场》月刊和《福布斯》杂志等。而这些主流媒体的报道方向几乎是一边倒的，用预测的口吻撰写玛莎已经被定罪了，这些杂志编辑们太了解他们的读者了，知道大家都巴不得像玛莎这样的名人被关进大牢呢。

可是，法院的裁决一天没有下来，这一切就只是大家的臆想和揣测，毕竟没有人能确切地知道玛莎到底有没有做这样的事情。同时，也有人怀疑，美国政府最终很可能会因为玛莎的"功绩"和影响力对这个案件大事化小，小事化了。正因为这一点，案件才显得更加扑朔迷离。

其实，只有玛莎自己知道，政府和法院对这次案件非常重视，即使她想蒙混过关也很难，可以说，她在法庭上的表现和所谓的公关都是强撑。事态正在往不好的方向发展，彼得的助理道格拉斯的证词真的很具有杀伤力，玛莎不知道还将出现什么对她不利的证人。除了拼尽全力以外，玛莎也只能听天由命了。

4. 三个证人

2004年2月，关于玛莎·斯图尔特股票内幕交易一案的审理已经进入白热化阶段，法院争取到了两个非常有力的证人，玛瑞亚娜·帕斯特纳克和安·阿姆斯特朗。前者是玛莎的好朋友，并且在玛莎抛售股票的当天，与玛莎一同飞往墨西哥旅行，而后者则是玛莎的私人助理。

案件中的主要证人、美林证券股票经纪人彼得·巴克诺维奇的前任助理道格拉斯·范努已经连续3天出庭作证。他和其他两位证人的证词将对陪审团的裁定结果产生巨大影响。

作为彼得的助理，道格拉斯在彼得飞往佛罗里达度假的时候，由他全权负责玛莎·斯图尔特和萨姆·沃克萨尔的股票账户。2001年12月27日，道格拉斯接到了萨姆的电话，当时他十分着急地要求道格拉斯抛掉他的股票。随后，道格拉斯给彼得打去电话，彼得盼咐他马上通知玛莎。

道格拉斯在法庭上表示，他认为他得到的这些信息就是要提醒玛莎立即抛掉手里的股票，但是由于无法立即联系到玛莎，彼得便要求道格拉斯密切关注玛莎的来电。道格拉斯问彼得，他是否可以告诉玛莎有关萨姆正在抛售自己公司股票的事情，彼得的回答是，这是最重要的一点。

道格拉斯向法庭证实，当玛莎打来电话时，他对她说："萨姆·沃克萨尔正在抛售他全部的股票，彼得认为你可以根据这个情况采取行动。"玛莎接着询问了当时的股价，然后马上命令道格拉斯帮她抛出全部股票。

在最初接受调查时，道格拉斯的证词与玛莎和彼得所谓的协议完全一致，而后来，他推翻了自己的证词，主动找到调查人员说出了实情，并表示愿意出庭作证。道格拉斯这样做的结果就是，他被从轻发落，不会被定罪。

道格拉斯的证词令检方看到了胜利的曙光，而对玛莎而言，简直如坠入地狱一般，尽管她坚称这都是污蔑，但是她所塑造的"柔弱"形象还是在道格拉斯陈诉证词后崩塌，她冲着道格拉斯大喊大叫，一度脸色惨白。

道格拉斯的证词中还有一个非常重要的关键点，当他按照玛莎的指示抛空英克隆公司的股票后，他主动给玛莎的助理安·阿姆斯特朗发送了一封电子邮件，确认股票已卖出。

这一证词十分具有杀伤力，形势已经逐渐明朗清晰，如果这时候玛莎想要翻盘，就只能给自己作证，但是，当审讯进入这个阶段后，没有人知道玛莎是否会这么做。

安·阿姆斯特朗担任玛莎的私人助理已经有6年的时间，2月9日，安出庭作证。在法庭上，安详细地描述了2001年12月27日彼得·巴克诺维奇留给她的口信："我认为英克隆公司的股票马上就要暴跌。"除此之外，安还谈到她与老板玛莎平时的一些事情，她表示很感谢玛莎，说完安就开始掩面哭泣。

在休息了一天之后，安·阿姆斯特朗再次出庭作证，这一次法庭要求她回忆2002年1月31日的一些事情，这一天是玛莎即将接受调查的前5天。

当时玛莎要求她把12月26日到1月7日的通话记录送往公司的法律顾问办公室，随后，玛莎来到安的办公桌前找到彼得当时留下的那个口信，并把它替换成小写字母的"英克隆事由"几个字。

当天晚上，在和法律顾问商讨后，玛莎最终决定把这个口信恢复成原来的样子，但是不幸的是，安已经不记得原来的口信是什么样子了。面对玛莎辩护律师的提问，安表示，玛莎从未要求她说谎，更没有给她任何好处。

这时候，对于陪审团而言，案件的性质又发生了改变，玛莎似乎试图毁灭证据，如果陪审团成员全都这么认为，那么毫无疑问，玛莎肯定会被定罪。

最后一个被传唤的证人就是玛瑞亚娜·帕斯特纳克，她和玛莎已经是20年的好朋友了，她们经常一起出去旅行，在2001年12月时，玛瑞亚娜陪同玛莎前往墨西哥旅行。她向法庭作证说，飞机在德克萨斯加油的时候，她看见玛莎打过一个电话，当时玛莎的嗓门很大。

三天后，玛瑞亚娜和玛莎在酒店套房里谈论到关于英克隆股票的事情，她记得玛莎当时说萨姆要卖掉自己的股票，他的女儿也要卖掉公司的股票等等。

对于玛瑞亚娜的证词，彼得的辩护律师认为，她纯粹是道听途说。但是法官驳回了辩护律师的请求，允许玛瑞亚娜继续作证，法官问她是否还记得什么事情，她直言玛莎还曾说过一句话："有这样的经纪人告诉你这种事情，真是太好了！"

很明显，这三个证人的证词与玛莎的声明相互矛盾，因为玛莎曾经说过，她之所以抛掉股票是因为她和经纪人的一个约定。但是现在，陪审团将会认真思考整个案件，并围绕着三个证人的证词进行整合商议。

玛莎现在已经完全处于被动，最后的办法就是她自己出庭作证。但是，在过去的一些商业丑闻案中，自己出庭作证的结果往往是弄巧成拙、适得其反，甚至是降低公信力。即使像玛莎这样的交际能手也很有可能栽在这上面，可如果她不为自己作证，就等于向陪审团承认自己有罪。

最终智囊团的商定结果是，玛莎和彼得都不出庭作证，唯一被传唤到庭的是她的辩护律师。其实人们还是希望玛莎可以亲自站在证人席上，诚恳地说几句话，也可以道歉，真正地软下来，也许这样对于她的案子会有很大的帮助。

5. 陪审团裁决

当玛莎·斯图尔特的辩护律师代替她出现在证人席上的时候,这个长久以来一直悬而未决的案件几乎已经有了结果,大家一致认为陪审团裁定玛莎和她的股票经纪人彼得有罪也只是个时间问题了。

玛莎的辩护律师出示的作证内容是他在2002年12月所做的一个会议记录。在那次会议上,玛莎告诉调查人员,她不确定彼得是否在她抛售英克隆股票的那天给她留了一个口信,所以,调查人员不能据此指控玛莎说谎。

另外,玛莎的辩护律师还提出,关于她的助理安·阿姆斯特朗的证词明显表示,玛莎在改变口信的内容后又立即命令安将口信恢复原貌,这充分地说明了玛莎的态度和本质,并非是要存心欺骗调查人员。

很多法律专家认为,玛莎的辩护律师所出示的证词令人感到困惑,并且对玛莎案件的裁定结果也毫无帮助。

2004年3月初,主审法官米利亚姆·戈德曼取消了对玛莎证券欺诈罪的指控,这让玛莎暂时松了一口气,因为这是对她的起诉中最大也是最重的一个罪名。但是,合谋罪和妨碍司法公正以及两项对调查人员说谎的罪名依然存在。

随后,陪审团介入了审讯,在听取了法官将近两个小时的情况说明后,陪审团成员需要三天的时间给玛莎定罪,并且在玛莎之后,他们还会给玛莎的股票经纪人彼得·巴卡诺维奇定罪。

针对这一案件,陪审团的意见似乎非常统一,他们认为三位证人的证词已经使得整个案件的前因后果非常清晰。此外，虽然玛莎的辩护律师声称，玛莎与彼得没有出庭为自己作证是因为他们觉得根本不需要，但是，陪审团认为，玛莎与彼得没有出庭的真正原因是默认了证人们的证词。

也就是说，陪审团已经认可了法官对于这个案件的观点，他们认为玛莎与彼得有罪，理应受到法律的惩罚。

2004年3月5日，主审法官米利亚姆·戈德曼当庭宣布了陪审团商议的最终结果，宣判玛莎·斯图尔特犯有合谋罪、妨碍司法公正罪以及两项伪证罪等4项罪名成立。当法官宣读罪名时，玛莎面无表情，没有人相信她会如此轻易地接受法庭的审判。

而玛莎的女儿莱西自从案件开审，每天都坐在母亲后方的听证席上，当听到法庭宣判母亲有罪时，莱西耷拉着脑袋，掩面啜泣。与此同时，作为共同被告的彼得·巴卡诺维奇被裁决犯有5项罪名中的4项。

此时，法庭外已经聚集了大量的民众，他们有些是玛莎的支持者，有些是玛莎的反对者。但是今天，他们出现在这里的原因只有一个：就是能够在第一时间知晓法庭对玛莎的裁决结果。

很快，消息传了出来。接着，脸色微白的玛莎也出现在众人的面前。看着那些情绪激动的支持者，玛莎非常勉强地用一个微笑同大家打招呼，不过很快她又深呼一口气，恢复了往日的自信与骄傲，似乎法庭的裁决并没有对自己造成影响。

没过多久，玛莎的支持者就看到了玛莎在网上发布出来的最新声明。她声称，虽然裁决的结果出乎自己的意料，但是她并不会就此屈服，她会像往日一样，继续战斗下去，这一次，她要为了自己的清白而战。

然而，玛莎的声明根本无法抵消裁决所带来的负面影响。就在裁决的结果传出去之后，玛莎·斯图尔特生活全媒体有限公司股票拥有人的资产集体缩水，因为公司的股价在短短的时间内就产生了大幅度的下跌现象。不仅如此，还有许多投资者纷纷提出疑问，如果公司没有了玛莎，那么公司是不是就走到了尽头？

投资者还指出，玛莎在声明中表示自己仍然选择上诉，暂且不说上诉失败会带来的结果，即便是玛莎上诉能够成功，那么在上诉期间她需要耗费大量的时间与精力，她还能够帮助公司做出英明的决定吗？

与投资者对公司的质疑相比，电视节目方面的处理则更为直接：他们直接撤掉了玛莎主持的节目，而且没有告知恢复的时间！

证券交易委员会虽然并没有做出表示，但是一连串的质疑仍然给玛莎带来了很大的压力。那段时间里，她跟亲朋好友进行了大量的谈话，交谈的对象有时候是她的女儿，有时候是她的母亲，就连许多年没有联系的弟弟也听了她许多的想法。同玛莎交谈后，大家都知道，玛莎并没有被这样的挫折击倒，她仍然在筹划着如何获得成功。

虽然玛莎已经采取了一些措施来降低这场风暴对公司的影响，但是仍然有市场专家评论说，玛莎的这些举措不会起太大的作用。因为玛莎作为公司的创始人，不仅在公司内部有着无可比拟的影响，就连公司的许多业务也都是与玛莎这个名字紧紧相连的，换句话来说，玛莎就是整个公司的灵魂，没有了灵魂，公司当然就无法继续下去了。

对于市场上这些质疑的声音，公司立即给出了回应：虽然玛莎不再参与公司的运营，但是公司仍然有决心成为主营行业的领袖。他们相信，现在的这个低谷期一定会过去，玛莎·斯图尔特生活全媒体有限公司一定会再次辉煌起来。

第八章 谋划东山再起

1. 解决公司的问题

就在玛莎进退维谷、举步维艰的时候，一些趁火打劫的言论迅速占据了当时社会的主流市场："我们如何才能确认由一个不遵守规则、没有诚信的人所创办的公司，能够遵守规则、重视诚信呢？或许，这也将成为商场上的一个经典案例，那就是用现代的人来担当公司的形象大使所不得不面对的危机。"

也有一些专家指出，家政女王的被裁决不仅会使她的影响力降到最低，她创办的公司中那些家政产品的销量也必将受挫，而空出来的这部分市场，将会由其他零售商在很短的时间内抢占、瓜分。即便玛莎能够从这场风暴中站起来，重新接手自己的事业，也无法再迅速将市场抢回来了。所以，专家们纷纷表示，玛莎以及她创办的公司完了。

但是玛莎从来都没有放弃过，她坚信，自己的公司一定能够挺过这个难关，并且再次站在领袖的位置。玛莎辞职后，莎朗·帕特里克接替了她的位置。莎朗·帕特里克已经与玛莎在一起工作长达11年之久了，她在公众场合表示，虽然公司已经处于风口浪尖，但是现在已经有所好转，而且，帕特里克毫不掩饰她对玛莎的尊敬与支持，她坚信，玛莎一定能够从这场毫无公平可言的战斗中脱身而出，并且再次成为人们关注的成功焦点。

只是，帕特里克虽然对玛莎十分推崇，但这个时期，成为公司总裁的她也不得不考虑，要如何才能够将玛莎给公司带来的损失降至最低。最终，帕特里克想出的方法，就是在公司的业务中重新开辟一条路线，这条路线必须与玛莎毫无关联！此外，原先最为显眼的玛莎标志也都被迫进行了修改，被放在了不怎么显眼的地方。

对于帕特里克的这个方法，公司内部员工称为"清除玛莎"。因为，在杂志《玛莎·斯图尔特生活》的封面上，玛莎的名字明显字号变小了，而且在整本杂志中，玛莎出现的频率也低了许多。要知道，这本杂志可是单一人物杂志，主要就是为了宣传玛莎才出现的，不成想，现在竟然要限制玛莎的曝光率，这简直是一件不可思议的事情。更让玛莎感到惊讶的是，公司的一些外部董事，甚至提出了要更换杂志名称的建议。

玛莎非常明确地表示出对这个策略的厌恶，她在与公司的决策层谈话时，毫不掩饰地说："我的名字早已成为公司的另一个名称，这是个无可避免的事实。现在你们竟然想要打压甚至取笑我的名字，我不得不说，这真的是一个非常糟糕的想法。"当然，玛莎也表示了对帕特里克的理解："我知道，这个想法并不是她的本意，只不过是为了平息那些律师以及广告客户的抱怨而已。"

但是，这样过了一段时间后，玛莎仍然没有看到公司业绩的回升，她忍不住与帕特里克进行了一次谈话。在谈话中，玛莎向帕特里克建议，让帕特里克再招聘一位得力助手，她说公司那么多事情，不是帕特里克一个人能够应付过来的。

可是，帕特里克拒绝了，她说："现在公司的问题已经非常明显了，那就是营业额的下降，公司的未来发展方向不明确，而这些问题都不是雇佣一位首席运营官就能解决的，我相信，我能够管理好的。"

多次劝说无果后，玛莎只好等待着帕特里克给出一份出色的答案，但，她很快就再次失望了。玛莎看着毫无起色的收入表，她叹着气说："帕特里克曾经承诺说，她一定能够做好这些事情，可是在我看来，她根本就什么都没有做！"

失望的玛莎决定不再将所有的希望都寄托在帕特里克的身上，虽然她对忠心耿耿的帕特里克非常信任，可是现在公司的状况明显超出了这位首席执行官的能力范围。而陪审团的裁决早已下达，玛莎不知道自己会得到什么样的判决，但她希望，在入狱前，能够帮助公司踏上重返成功的道路，于是，她开始物色能够对公司管理有帮助的人才。

有一天，玛莎得到消息，美国广播公司娱乐部的总裁苏姗·林恩跟老总不和。于是，玛莎马上联系了猎头公司，希望能够与苏姗进行接触，争取将苏姗拉到自己的阵营中。经过一番谈话后，苏姗对玛莎开出的条件非常满意，于是接受了玛莎的邀请，并且在玛莎的安排下，顺利进入了玛莎·斯图尔特生活全媒体有限公司的董事会。

苏姗是一位非常优秀的传媒管理者，受众人推崇、热捧的电视剧《疯狂主妇》《迷失》都是她推出的。只是，在与玛莎进行交谈时，苏姗并不知道，眼前的这位家政女王已经决定让自己取代帕特里克，成为玛莎·斯图尔特生活全媒体有限公司的CEO。

除了苏姗外，玛莎还将查尔斯·科波曼也安排进了公司董事会，并担任董事长一职。科波曼以担任顾问出名，他不仅担任过歌坛巨星迈克尔·杰克逊的顾问，还担任过其他名流如芭芭拉·史翠姗、比利·乔尔等人的顾问。

在玛莎遇到这场官司的艰难时期，她也曾向科波曼请教过。玛莎向科波曼抱怨自己身旁发生的一切：气势凌人的检察官、偏袒一方的陪审团、出工不出力的律师团……当玛莎将自己的情绪都发泄出来，平静下来后，科波曼才笑着向她提了一个建议：与其浪费精力在你无法控制的事情上，不如先将能够改变的事情做好——先将公司控制好吧！

科波曼的这个建议正合玛莎的心意，于是，在科波曼的支持下，玛莎才果断地辞去了在公司的职位，并且在帕特里克无计可施的情况下，将能力出色的苏姗安排进了公司，从而避免了公司因此而衰败。

2. 艰难的抉择——入狱

公司有了苏姗与科波曼的加盟后，玛莎终于没有了后顾之忧，她相信，如果这两位精英无法带领公司走出困境，那么即便是自己亲自掌控，结果也不会好到哪里去。现在，玛莎终于有了一些时间来思考，她需要认真考虑接下来应当怎么办。

虽然玛莎早已习惯了生活在众人的关注之下，习惯了那种众星捧月的感觉，可现在，镁光灯关注的，却不再是她的优点，不再是她的优雅与高贵，反而是那些平日里无关紧要的小习惯、小动作。

玛莎明白，这场官司已经严重影响了自己的生活。这种影响不仅指财产上的严重缩水，更重要的是，玛莎往日的生活习惯已经被打破了，她已经不能像原先那样过自己的生活了。玛莎明白，如果不能让自己平静下来，如果不能做出对自己最有利的选择，那么这种烦恼或许将一直持续下去，自己也将沦为别人的笑柄。

事实上，在玛莎被调查的这段时间里，她确实已经成了那些搞笑明星、脱口秀节目中最常出现的材料了。在此之前，玛莎以"讲究细节"出名，也有一些人认为她有着强烈的个人控制欲望、对他人的要求达到了苛刻的地步，而且还执意追求完美。还有一些人说，玛莎在用她想象出来的高标准去要求众多普通平凡的现代妇女，给大家平白增添了许多罪恶感。

对玛莎而言，往日里锦上添花的一些媒体记者如今都已经变成了趁火打劫的强盗，他们无处不在，他们无孔不入。而且，这些记者用锋利的笔尖引导着普通的民众向玛莎发起问责，往日的助力变成了最大的阻力，玛莎希望这样的噩梦能够早日醒来。

所有人都看得出来，现在的"家政女王"没有了任何光环，她像普通民众一样，在竭力寻找着有效方式来为自己辩解。玛莎仍然坚持上诉，但是周围的法律专家都认为，即便上诉，最终的结果仍然不会有太大的改变。

不过，法律专家们猜测说，根据法律规定，玛莎有可能会在监狱中少待一些时间，最大的可能就是她需要在监狱中度过一年的时间。也有人提出不同的意见，说玛莎所犯的错误并不是很大，因此她在监狱中最多也就待6个月。总而言之，结果对玛莎来说，并不是一件好事情。

现在，摆在玛莎面前的就只有两个选择了：上诉或者入监狱服刑。但是一想到这个案件的调查过程，玛莎就觉得，如果自己坚持上诉的话，或许现在的混乱生活将一直持续下去，而自己的声誉也将没有恢复的时日。那么，选择入狱服刑呢？

一想到"监狱"这个词，玛莎就感到一阵心悸。她不知道监狱中的犯人们过着怎样的生活，也不知道她们之间的关系相处得如何。或许，玛莎关心的并不是这些，而是如果她进了监狱，那里的人们会怎样对她？如果在监狱中发生了什么事情，又有谁能够保护她呢？

在思考这些问题的同时，玛莎还就这个选择咨询了一些法律专家。但是，当大家听到玛莎的这个想法后，都无一例外地摇头：

"如果您现在入狱服刑的话，会对这个案子带来不利的影响，而且会对玛莎的名声有损，到那个时候，大家恐怕都会毫不犹豫地相信，您是有罪的，而陪审团的裁决是公正无私的。"

陪审团，又是陪审团！玛莎听到这三个字，心中又泛起一阵无力的挫折感，不过，她也知道，自己必须做出选择了。否则，自己以及公司就真的完了。没有人比玛莎更清楚自己对公司的影响了，如果《玛莎》这个名字完了，那么公司肯定也无法再获得胜利了。

一个人待在家中，玛莎竭力让自己忘掉陪审团的裁决所带来的一系列损失，她像往日一样早起锻炼，甚至比往日更重视自己的健康，在锻炼中，她成功地将心从恐慌不安中解放出来，然后在这样的平静中思考着未来的方向。

鱼和熊掌不可兼得么？玛莎不相信！她竭力找寻着一条出路，希望能够挣脱现在的桎梏，摆脱现在的困境，再次享受欢呼与掌声。

在经过长时间的思索后，玛莎终于做出了决定：上诉依旧，但是尽快开始去监狱服刑！玛莎的这个决定在亲友中引起了巨大的轰动，没有人赞成她的这个决定。但这一刻的玛莎仿佛又恢复了往日的自信与骄傲。

她告诉大家，这个决定才是现在最为理智的决定：上诉，足以表明自己是清白的，并不认同陪审团的裁决；入狱服刑，不仅能够让众人知道，自己也是一名小市民，也有着无力抗拒的时候，同时也能够让这件事到此终结，不再影响自己未来的生活。

看着一脸决然的玛莎，众人知道，这个时候劝说已经没有了任何作用。大家都非常清楚玛莎的个性，既然她已经拿定了主意，那么就没有人能够劝她更改。众人现在唯一能做的，就是帮助她将这件事的发展尽量控制住。

3. 我会回来的

很快，玛莎自愿去监狱服刑的消息就传了出去，一同被传出去的还有玛莎的话："我也不过就是一名普通的民众，同样有着无法抗拒的事情。"这个消息以及玛莎的话语，迅速又为她拉拢了一批支持者。

支持者们纷纷表示，他们从来没有见过如此脆弱的玛莎。在过去，玛莎总是那么强势，那么骄傲与自信，但是现在她却认输了，曾经那么骄傲的偶像竟然认输了。虽然没有明确的道歉，但是大家在心中已经决定原谅她了。

因此，在玛莎的判决还未下达时，众人纷纷给法官写信，请求对玛莎宽大处理，让她能够早日回到公众的视野中。与此同时，玛莎的团队也行动起来，他们向法官求情，希望能够减少玛莎的刑期，让她更快自由。

玛莎曾经亲自向法官求情说，作为一名公众人物，她非常担心这一次的刑期会终结自己的媒体事业；此外，她还非常担心，监狱中的生活是不是会改变自己的生活方式，当自己从监狱中出来之后，还能不能像曾经一样，拥有指导他人的信心。

因为玛莎的特殊身份，她的律师也曾向法官提过建议。律师建议说，其实像玛莎这样掌握多种技能的人才，可以判处她进行社区劳动，为大家做出更多贡献。

法官一一听取了众人的建议，他也向大家表示：玛莎在此之前，从未有过犯罪记录，因此，众人的请求他可以考虑，也就是说，有可能会为玛莎减少一些刑期；不过，因为玛莎在政府官员调查时说谎，而这是一项非常严重的罪名，所以无论如何，她都将被判处一段时间的监禁。

最后，法官宣布了判决：判处玛莎5个月的监禁和5个月的软禁，此外还需缴纳3万美元的罚款。虽然减少的刑期十分有限，但是玛莎已经很满意了，她知道，即便是再苦苦哀求，刑期也无法再减少了。此外，法官还给玛莎提了一个建议：建议她尽量选择一座戒备比较宽松的监狱去服刑。

不过，联邦监狱管理局很快就确定了玛莎服刑的监狱：奥尔德森联邦监狱。在此之前，玛莎曾提交过申请，想去离家不远的康涅狄格州丹布里的一座监狱服刑，然而，她的这个请求并没有被批准。

宣判结束了，但是玛莎并没有就此放松下来，她知道，自己的战斗不仅没有结束，反而才刚刚开始。当玛莎跟着众人走出法庭后，一堆媒体记者迅速围了过来，他们七嘴八舌地向玛莎问着各种尖锐的问题，似乎是想看到曾经极度风光的"家政女王"露出挫败、沮丧的神情。

但是，骄傲的玛莎再一次让这些媒体记者们失望了。只见她一把抢过一个麦克风，对着大家严厉地喊道："审判结果出来了，你们满意了吗？原本一个不足为道的小问题，却偏偏被你们搅得满城风雨，你们的恶毒与纠缠让我感到恐怖，也让我差点窒息。但是，我要告诉你们，我一定会回来的！"

掷地有声的话语让周围的媒体记者惊慌失措，玛莎与他们预期的完全不同。他们无论如何也没有想到，这个骄傲强势的女人，在即将进入监狱的时候，仍然会如此张狂、如此放肆。一时间，众人竟愣在那儿，不知该如何是好。当他们反应过来的时候，却发现玛莎早已在亲友的陪伴下离开了。

不久后，玛莎召开了一个新闻发布会，她表示，玛莎·斯图尔特生活全媒体有限公司是自己的心血，是自己千辛万苦努力的结果，所以，她无法眼睁睁地看着这个商业帝国一步步走向衰落。虽然上诉可以等来洗脱罪名的清白，但那将是一场无休止的等待。

最后，玛莎说，为了能够开始正常的生活，为了让这个噩梦早日结束，她做出了从现在开始服刑的选择，她希望等到自己刑期结束的时候，生活能够重新充满激情，玛莎·斯图尔特生活全媒体有限公司也能够走出现在的窘迫状况，再度辉煌起来。

玛莎的话再次成了众人争议的热点，大家纷纷讨论，她能像曾经一样，重新以"家政女王""亿万富翁"的形象站在众人面前吗？她还能够重整旗鼓，再度征战商场吗？此外，她一手创办的玛莎·斯图尔特生活全媒体有限公司正处于改革变更阶段，没有了她的参与，这个公司又将走向何方？

无可否认的是，玛莎曾经以一己之力为美国的流行文化制定了标准，曾经白手起家成就了一个商业帝国，她的名字早已成功融入大多数美国妇女的生活之中，她的生活方式也早已成为社会上的一种潮流，引起众多支持者的模仿。

因此，众多专家纷纷评论，说这个坚强的女子是不会被这样的小事所击败的。而且，她的玛莎·斯图尔特生活全媒体有限公司也并非即将消失，虽然公司的股票、业务都减少了许多，但是公司的利润盈余表上仍然保持有大量的现金。大家还注意到，玛莎·斯图尔特生活全媒体有限公司几乎没有外债的存在，这无疑会加快公司复苏的步伐。

专家们还特意提到，这是美国，是一个崇尚绝境重生的国度。更重要的是，玛莎还有一批支持者，从案件一开始就已经原谅了玛莎的所作所为，而且坚信这些坏名声会像落叶一般被迅速吹散。

这些立场坚定的支持者相信，玛莎总是如此精明强干，眼前的这个小小挫折只不过给了她再次展现人格魅力的机会，而不会对她造成任何困扰。在这些支持者的眼中，如果玛莎不能成功，那才是一件真正难以想象的事情。

渐渐地，玛莎将再次成功的声音占据了上风，这个声音甚至将玛莎即将入狱的消息都掩盖了下来。似乎现在玛莎已经不再是一名即将服刑的犯人，而是一名将要重返王位的落魄公主！

4. 被囚禁的日子

外界支持者的声音也让玛莎沮丧的心情有所好转，就连对陌生的监狱生活也不再那么恐惧了。她笑着向周围的亲朋好友说，面临即将开始的监狱生活，她已经没有了曾经的那份担忧与害怕，现在她思考的，是如何杀一招漂亮的回马枪。

玛莎表示："我知道自己在做什么，我也知道自己应当如何去做。"她多次声称，自己的事业就是生活，自己的生活也是事业，二者早已融为一体，不可分割了。所以，她相信，只要打理好生活，事业也就蒸蒸日上了。

2004年10月8日，玛莎来到了奥尔德森联邦监狱，在这里开始自己为期5个月的监禁生活。这座监狱被称为"杯糕营"，也就是说这是一座相对舒适的监狱。但是，玛莎却从来没有这样称呼过这座监狱，她将监狱称为"耶鲁"，借此来回避"监狱"这样的字眼。

玛莎本想悄悄地报到，不再成为众人眼中的焦点，然而当她到达奥尔德森镇的时候才发现，这里早已因为自己而轰动，小镇上仅有的一家旅馆，也早已人满为患。面对蜂拥而至的记者，玛莎也只好接受了这样别致的"欢迎仪式"。

当玛莎走进监狱后，看守对她进行了极为严格的搜身，甚至命令她当面换上监狱里的服装，将身上那套名贵的服装以及那些珍贵的首饰都交给随行的家人。玛莎无可奈何地接受了这些强硬规定，穿上那些与其他人一样的服装，包括内衣。玛莎知道，自己的监禁生活从这一刻正式开始。

在监狱里，每天早上的起床时间固定是6点，当然，这一点对于玛莎来说没有任何问题。要知道，在这之前，她每天休息的时间也不过就这几个小时而已。只是，这里的伙食让玛莎感到颇不习惯。

每天的早餐有麦片、吐司面包，偶尔会有鸡蛋，中午则只有冰冷的三明治，晚餐比较好一些，能够吃到热乎的主菜，当然无法与玛莎曾经吃过的那些山珍海味相比。玛莎无法接受这样的饮食，她甚至在饭菜中发现过"变质的肉"！为此，玛莎感慨道："我有些后悔了，如果在走进监狱的时候我就告诉他们，说我是一位素食主义者，或许情况会好一些。"

在这样的情况下，玛莎的体重迅速下降，竟然在很短的时间内就减了20斤左右。为了不再吃那些由监狱提供的食物，玛莎和室友们在一起做饭，她们利用不多的空余时间莳弄出一个菜园子，然后就用菜园子产的菜做饭。

监狱里每一天的生活都非常简单：每天的劳动从早上7:30开始，每天的工作时间是7个半小时。犯人们每天的休闲时间是在晚上，那时，她们才有时间看电视、读书以及锻炼身体，在熄灯休息之前，她们都可以享受这样的自由时光。

看守安排玛莎负责办公室的清洁工作，每个小时都能够获得12

美分。但是，玛莎对这份工作并不满意，她希望能够被调到厨房去工作。为了让看守知晓自己能够胜任厨房的工作，玛莎将自己曾经做过的事情都说了出来："机器的吸尘和清洗，我都能够处理，而且我还修理过邮局的拆信封机器。"可惜，玛莎的这个愿望并没有得到满足。

对玛莎来说，在监狱中另外一个最不满意的地方，就是她无法再指挥自己的事业了。监狱里不能上网，而每个月玛莎打电话的时间也被限制得非常死，他们只给了她300分钟的时间。当玛莎向看守抱怨，说300分钟只能够支持自己一天的通话时，看守耸耸肩："那你之后的时间只能忍受无法通话的痛苦了！"

虽然好不容易争取到了这300分钟的通话时间，但是监狱方面还有限制，他们不允许玛莎在电话中对生意做出决策，因此，每当公司的成员前来探访她时，她只能安静地坐着，津津有味地听着公司最新的发展状况。

为了打发那些无聊的时间，玛莎不仅自己练起了瑜伽，还带领了一群狱友加入进来。除此之外，玛莎还为这些狱友讲课，教大家如何去创业，如何培养自己的兴趣、爱好等。

除了这些事情外，玛莎的脑中还开始筹划着写书。她说在为狱友们讲解关于创业的知识时，自己也有所感悟，所以就想用一本书来将自己的这些感悟记录下来。在这样的情况下，玛莎成功地完成了《玛莎法则》一书的提纲，她还为好友的新书《跳进来》写了一篇序言。

虽然玛莎的狱友们已经非常用心地保护着玛莎，但是无孔不入的记者还是得到了玛莎在生活中的一些琐碎事情。从这些琐碎事情种，记者们惊讶地发现，玛莎曾经那极为出名的坏脾气竟然有了很大的改善，她已经显得更加温柔、更加平和了。

就在记者们纷纷发表言论，声称玛莎已经有了很大改变的时候，却不知道，监狱中表面异常平静的玛莎早就已经在认真地思考，思考着离开监狱之后复出的生活！玛莎从来都不认为监狱将成为自己事业的最后一站，她在考虑着要如何重整旗鼓，再度成为所有人关注的焦点。

5. 打不倒的玛莎

有时候，当玛莎一个人独处时，她也会静静地坐着，然后思考：如果没有前段时间臭名昭著的"安然事件"，自己是不是就不会有这样的牢狱之灾呢？随即，玛莎又想起了O·J·辛普森——曾被指控与两宗谋杀案有关，最终却被判无罪。

想着，想着，玛莎也会觉得一阵委屈，毕竟与这两个事件相比，自己身上发生的这个案子根本就不足挂齿，但是自己却被媒体记者们口诛笔伐，被政府人员持续不断地调查，最终竟然逼得自己不得不以入狱来妥协！

好在这种悲观的情绪并没有持续很久，玛莎知道，无论如何，这件事都将随着自己入狱而告一段落。虽然玛莎的法律团队仍然在不屈不挠地上诉，但是玛莎也知道，上诉能够还自己清白的机会并不是很大。不过，玛莎仍然需要他们用这种方式来诉说自己的清白。

而且，从前来探望自己的亲朋好友的口中，玛莎已经知道，自己获得法官轻判以及在入狱前的那份宣言，已经成功挽回了一些声誉，玛莎·斯图尔特生活全媒体有限公司的股票也有所回升，玛莎的支持人数也得以再次攀升。

想着这些好消息，玛莎的嘴角露出一丝微笑，虽然自己无法再掌控公司的发展，也无法为公司的改组出谋划策，但自己已经为公司寻找了两名出色的决策人员，而自己的入狱也为公司恢复了一些声誉，这些应该足够了吧？

想想自己的监狱生活，玛莎并没有觉得收获很多，她甚至觉得这种日复一日的生活有些枯燥，有些无聊。玛莎希望，能够以高姿态重新出现在众人面前，重现自己"家政女王"的辉煌成就。

随着时间一天天过去，玛莎也认识到，自己应当为出狱后的计划做些什么了。于是，她更加努力地锻炼身体、读书、与狱友交谈，这一刻，玛莎不再是那位高高在上的"女王"，她更像是一位关爱同伴的使者。

事实上，当玛莎刚刚进入监狱的时候，她的骄傲确实为自己招惹了不少麻烦。她颐指气使的神情甚至一度引来众人的仇视与敌对，还好，玛莎及时发现了自己的问题，并且诚恳地向众人道歉，这才缓解了紧张的室友关系，进而在接下来的生活中逐渐接受了对方，而玛莎的脾气也渐渐有所收敛。

与众人打成一片后，不甘寂寞的玛莎又想做些什么事情。很快，她将眼光盯在了对监狱生活的改善上。想做就做，玛莎很快就建立了一个网站"玛莎有话说"。在这个网站上，玛莎不仅公布了监狱中犯人们的真正生活，还向大家发起了呼吁，呼吁大家多多关注这些弱势群体的生活。

其实，监狱中艰苦的生活早已是众人皆知的一个问题了。不仅奥尔德森联邦监狱是这个样子，还有许多其他的监狱也都是这样的。毕竟几乎每一座监狱都面临着入不敷出的经费问题，那些微不足道的经费根本就不足以改善犯人们的生活，更别说针对犯人而进行的技术和职业培训了。

但是，对于打不倒的玛莎来说，这个问题同样不应该成为自己无法迈过去的门槛。她不断更新着自己的网站，将监狱里的日常生活详细地描述出来，请求大家为监狱中的人们奉献一份关心与爱心。

在拉拢支持者声援的同时，玛莎还将周围的狱友集合起来，教大家一些职场必须知道的事情，还有就是创业的一些常识。抛却了昔日骄傲、暴躁的玛莎在短短几天内就获得了大部分狱友的支持。她不仅指导着身旁这些支持者积极地追求兴趣爱好，而且还带领着大家练起了瑜伽。在这里，玛莎仿佛褪去了那层骄傲的外衣，成为一名温柔、贴心的心理医生，抚慰着众多狱友麻木的心灵。

在玛莎的鼓励与带领下，越来越多的狱友们对于生活充满了希望，她们都在玛莎的指引下，对重新与家人见面充满了期待，玛莎明白，只有让狱友们的心中充满对生活的希望，才能够重新唤醒她们对美的追求，才能给予她们真正的本领。在她的指导与带领下，狱友们的精神状态不断改变，每个人都容光焕发、精神振作，仿佛重新焕发了青春一般。为了表示对玛莎的感激之情，众多狱友自发地将玛莎保护起来，阻拦了记者们窥探的目光。

大家都清楚，是玛莎的到来改变了这里的一切，是玛莎将她那打不倒的精神带到了监狱之中，是玛莎让大家的心中重新燃烧起对希望追逐的火焰。大家都明白，在这枯燥、无聊的监狱中，玛莎都能够创造出这样的奇迹，那么，她走出监狱后，重整旗鼓再次建立一个商业帝国似乎也是一件非常轻松、非常容易的事情。

第九章　玛莎帝国的沉浮

1. 风光出狱

忙碌的时间似乎总是过得非常快，2005年3月3日这一天，已经是玛莎在监狱度过的最后一天了。明天，玛莎就会离开奥尔德森联邦监狱，然后在家进行为期5个月的软禁生活。

这天晚上，玛莎的狱友们自发组织了一个晚会，她们说，是玛莎的到来改变了大家麻木的生活，明天玛莎即将离开，她们为这样一位好朋友的离开而感到难过，但是又为玛莎即将脱离监狱生活而感到兴奋。在这样的矛盾心情中，晚会上，大家笑着、闹着、哭着、唱着……没有酒，却似乎已经醉了。

玛莎看着周围情绪激动的狱友们，她的心中也十分矛盾。5个月的生活，这些狱友们就像她在监狱中的观众们，她指导着众人去学习、去努力、去创造……这些狱友们又像是身旁最亲密的朋友，大家无话不谈，大家相互扶助……离开真的有些不舍，可是，又会有谁乐意待在这样一个封闭的、很难与外界沟通的小世界呢？

而且，想想自己谋划已久的事业，玛莎在心中对即将到来的第二天更加充满期待了。这一刻，她不仅想起了美味的佳肴宴席，还想起了舒适、漂亮的名牌服装，还有多日未见的亲人……这一夜，将是一个无眠的夜晚。

休息的时间到了，尽兴的狱友们纷纷收拾完毕返回房间，玛莎也跟着室友去上床休息。她脸上的神情非常严肃，似乎明日的离去只是一件不足挂齿的小事，只有她自己知道深藏心底的激动与喜悦：5个月过去了，自己终于盼到了这一天。

玛莎不知道的是，这一夜，还有许多人也像自己一样，在焦急地等待着第二天的到来。这些人中，虽然有许多是媒体记者，但也有许多是奥尔德森镇的居民，居民们的心思十分简单，他们只是想要看一眼这个做了5个月邻居的名人，跟她告个别。有一位居民还特意制作了一块牌子，牌子上写了许多祝福，在牌子的最后，是一份邀请，邀请玛莎有时间再来。

天渐渐亮了，玛莎一骨碌从床上爬起来，她十分麻利地收拾好自己的东西，然后等待着办理离开监狱的手续。玛莎不知道等待自己出狱的媒体记者有多少，但她仍然做好了在公众面前出现的准备。

下午2点之后，玛莎终于顺利地离开了奥尔德森联邦监狱。女儿莱西陪伴在她的身旁，两人将乘坐私人飞机离开，所以，她们首先需要到达格林布雷尔峡谷机场。在机场，玛莎见到了欢送自己的小镇居民以及众多的媒体记者。

玛莎亲切地同众人打着招呼，这一刻，大家都发现，这位曾经的"家政女王"显得如此雍容高贵，丝毫看不出曾经的骄傲与专横。有人甚至开始怀疑，自己看见的真的是大名鼎鼎的抢夺麦克风对着众记者大喝"我会回来的"那位"家政女王"吗？

就连著名的评论员南希·格雷斯都感到有些不可思议，她说："玛莎披着一件似乎是纯手工的披风式外套，腿上是一条简单的牛仔裤，踩着一双高跟皮鞋。当她看见等候的众人时，脸上露出迷人的微笑，然后挥手同大家打招呼。"

南希·格雷斯还说，玛莎看上去似乎比过去显得更为飘逸，而且她的神情是如此轻松，似乎她并不是刚刚从监狱中出来，反而更像是刚刚经历过一场旅行的假期似的。此外，南希·格雷斯还表示，就她亲眼所见，玛莎似乎有了不小的改变，这种改变——棒极了！

或许，如果有陌生人前来机场的话，他肯定会以为这里正在欢送某位刚刚举办完演唱会的明星。毕竟，整个机场的氛围看上去是如此喜庆与欢乐，而且玛莎也十分从容，一举一动都能引起众人的欢呼声与掌声。

离开监狱后，玛莎将回到在纽约的一个乡下庄园，在那里开始5个月的软禁生活。虽然生活相对监狱而言要好许多，但是玛莎的活动范围仍然十分有限。每周她只有48个小时的时间去购物、看医生以及外出工作。而且，在玛莎软禁期间，会有专门负责监督的警官不时前来查看，不仅如此，玛莎还必须戴上电子脚镣。

不过这些都没有影响到玛莎兴奋的心情，毕竟她已经离开了监狱，虽然无法到自己的大庄园去散步，每天的活动范围也受到了很大的限制，但至少她可以将更多的时间用在制订自己的复出计划上，也就意味着，她离自己咸鱼翻身的那一天越来越近了。

刚刚回到乡下庄园的时候，在监狱里待了5个月的玛莎非常兴奋，她同每一位亲朋好友拥抱、交谈。随后，她又走出房间，同外面等候的记者们开心地聊了一会，并且邀请记者们进屋享受一些甜点。兴奋劲过后，玛莎才想起，自己还有5个月的软禁期呢，那么自己现在的所作所为是不是已经超越了规定的范围呢？

当玛莎忐忑不安地向监督的警官询问时，警官笑着回应说，可以暂时给她72小时的时间，在这段时间内不加限制，但是过了这个时间，玛莎就必须严格遵守软禁的相关规定了。这72个小时也让玛莎感到一阵幸福的眩晕，她向警官表示过感谢后，又迅速回到了亲友的包围之中，整个庄园里似乎都可以听到她幸福的笑声。

2. 软禁的生活

不久之后，玛莎就被迫戴上电子脚镣，开始为期5个月的软禁生活。在这5个月中，虽然玛莎得以悠闲地待在家中，然而，她的生活并没有因为离开监狱而完全自由。脚上的镣铐，就如同一根系在脖子上的绳子一般，限制着玛莎的活动范围。

在这5个月中，每一周，玛莎必须有一天完全待在家中，不能有任何的外出行动。虽然居住在自己的庄园里，但是玛莎不得不接受警方的一条额外限制：不准到庄园里散步！此外，玛莎还必须在规定的时间向监督自己的警官报到，并将最近一段时间内的情况向警官作一个汇报。

玛莎的心中，突然无比渴望这5个月迅速成为过去，她无比期盼8月份的到来。虽然到了那个时候，仍然会有一段为期18个月的缓刑，但是至少对玛莎的限制将会少很多，她就可以做许多现在想做却不能做的事情了。

对玛莎这样的公众人物而言，从监狱中走出来之后，似乎应当有一个新闻发布会。虽然这样的新闻发布会并不在玛莎的计划中，但是玛莎也清楚，如果不想从此退出公众的视线，那么自己就必须发表一个类似的声明。

就以往的经验而言，玛莎知道，如果真的举办一场新闻发布会，那么一些让自己头疼且尴尬的问题就不得不面对了。比如说：被大家问到在监狱中的生活，还有是否为自己的行为而道歉……但是，这段时间，玛莎的法律团队仍然在继续上诉，坚持为玛莎洗刷清白，她要怎样道歉呢？

但是，如果没有对这件事情的一个表态，玛莎苦心经营的形象或许就将毁于一旦，而她通过坐牢，展现出的自己敢于承担的精神也会因此而受损。这是一个两难的选择，但是玛莎十分清楚，自己必须就这件事给出一个答案，那么要如何处理呢？

经过一段时间的考虑之后，玛莎做出了一个所有人都意想不到的决定：不召开新闻发布会，同样的，这段时间里也不会针对"道歉"这个话题安排记者采访，她只是让自己的工作团队发布了一个小视频，视频里是玛莎和她的母亲一起在厨房谈笑、忙碌的情景。

很快，就有分析人士称，玛莎公布的这个视频是为了让大家知道：玛莎已经告别了完全封闭的监狱生活，现在她又出现在了自己最喜欢、擅长的领域，即便现在仍然被软禁着，但是很明显，距离玛莎返回正常生活的日子已经不远了。

很明显，玛莎的这份视频资料并没有满足人们的好奇心，大家纷纷猜测，玛莎被软禁的生活究竟是什么样的，而那些媒体记者们更是将摄像机摆满了玛莎家的门口，24小时守候。

黛博拉·诺维尔是一位非常有名的节目主持人，为了体验被软禁的痛苦，黛博拉·诺维尔将自己关在家中，持续了一天的时间，就像是玛莎被软禁在庄园里一样，哪儿也不去。虽然仅仅只是一天，但黛博拉·诺维尔还是感觉到一些被软禁的那种枯燥、无奈。

媒体的关注并没有过多影响到玛莎此时的生活，因为她并不是被软禁在庄园里无所事事，她在为自己重新走到众人面前，上演现实版"咸鱼翻身"而努力准备着。为了达成这个目标，玛莎甚至早就为自己设定了一系列的任务，并将这些必不可少的任务都一一记录了下来。然后就像是往日带着清单购物一样，逐个去完成。

此外，离开监狱给玛莎带来的好处也渐渐显示了出来。首先，玛莎又可以领取自己的工资了，其次，这也是更重要的一点，那就是玛莎·斯图尔特生活全媒体有限公司的股票开始上涨了。而且，有心人发现，股票开始上涨的时间恰恰是在玛莎离开监狱之后。

这个发现让玛莎的心中充满了喜悦，无论这段时间里自己度过的日子有多么艰难，无论这段日子里自己有多么焦虑，现在终于看到了付出之后的回报！玛莎有理由相信，当自己软禁生活结束之后，凭借着这段日子里准备妥当的复出计划，不仅自己将再次成为人们关注的热点，玛莎·斯图尔特生活全媒体有限公司也将再次成为人们购物的首要选择。

每当玛莎想到这里时，她就觉得浑身上下充满了干劲，似乎有着无穷的精力。当然，她也没有忘记当下的任务：定期向监督自己的警官报到，以便减少一些被软禁的时间；抓紧时间完善自己的复出计划，确保万无一失！

时间一天天过去，距离玛莎盼望的8月10日也越来越近。玛莎已经迫不及待地想要看到脚镣从自己的脚上被解下来，然后警官宣布软禁结束的场景了。

然而，当8月10日到来，玛莎却没有等到自己盼望已久的结果。这一天，她仅仅得到一个通知：软禁生活并没有结束，还需要延长三个星期。虽然玛莎以及她的支持者都对此表示了强烈的疑问，但是官方却再也不肯在公众面前解释了。

无奈的玛莎只能同自己的团队进行商议，将复出的时间延迟，同时再次对复出计划进行完善与补充。

3. 复出的准备

事实上，玛莎的复出计划早在她决定入狱服刑的时候，就已经开始执行了。在尚未进入监狱的时候，玛莎就已经同马克·伯奈特签署了一份合同。

马克·伯奈特是被业内公认的最成功的节目制片人之一，由他担任制片人的两个真人秀电视节目《幸存者》和《学徒》都非常受欢迎。玛莎相信，凭借着马克·伯奈特在行业内的名气，一定能够让自己的复出之路走得更加轻松、更加成功。

虽然玛莎在监狱中时，监狱的管理人员不允许玛莎再对她的事业做出决定，但他们还是允许了玛莎与公司管理人员的会面。而玛莎就在那些会面的时间里，认真地听着公司所发生的事情，同时在脑中竭力思考着，当自己走出监狱之后，要如何解决这些问题，还有，自己走出监狱后，要如何做才能再次像曾经那样高贵、优雅地出现在众人面前。

在那段拥有大把时间思考的监禁生活里，玛莎的大脑不停地运转，一个又一个主意被她想出来，并写在了纸上。玛莎知道，自己现在想出的这些主意，并不见得都可以施行的，还需要同自己的团队进行商议。

玛莎的复出团队也没有让玛莎失望，他们根据玛莎的情况制定了一系列前瞻性极强且易于实施的计划。此外，他们并没有因为玛莎入狱而停止手中的工作。在众人的商议与努力之下，一切都按照玛莎入狱前的安排有条不紊地进行着。

2004年12月初的时候，玛莎的复出团队公开发表了两个非常重要的声明：第一个声明表示，当玛莎从这一事件中脱身而出之后，她将创建一个在白日里播放的电视节目；第二个声明则表示，玛莎将会与伯奈特合作，推出玛莎版的《学徒》。

一时间，身陷囹圄的玛莎再一次成功引起了媒体记者的关注，人们纷纷猜测，玛莎版的《学徒》将会是个什么模样，是不是和当下最受欢迎的《学徒》是一个模式？

推出玛莎版的《学徒》是玛莎在审讯期间就产生了的想法，当她就这个想法向马克·伯奈特咨询时，获得了后者高度的赞扬。伯奈特认为，对收视率极高的《学徒》来说，玛莎版本不仅能够将玛莎出色的幽默感以及对生意的敏感度展现出来，更重要的是，能够为玛莎带来正面曝光的机会，这无疑是饱受怀疑的玛莎最需要的。

然而，想要推出玛莎版的《学徒》还需要得到另外一个人的同意，他就是唐纳德·特朗普。特朗普不仅是《学徒》节目版权的共同拥有者，更是创建这个节目不可缺少的核心力量，如果无法获得他的同意，那么玛莎版的《学徒》也只能被迫放弃。而玛莎已经得到的消息，特朗普并不看好《学徒》的派生节目。

不过，在没有被特朗普亲口拒绝之前，玛莎并不想放弃这个想法。于是，玛莎与伯奈特为此特意去拜访特朗普，希望能够说服特朗普，让这个计划实行下去。

三人见面后，特朗普没有迟疑，直接说出了自己的担心："其实，对于这个提议，我最担心的是，现在节目的收视率是不是已经到达极限了？"同时，他还表示，虽然《学徒》已经取得了空前的成功，但是派生节目能否成功，他却没有丝毫把握。

玛莎知道，如果不能解决特朗普的这些担忧，那么根本就无法获得特朗普的支持，自己的想法也只能被迫搁浅。因此，她竭力思考着要如何才能打消特朗普的这些顾虑。终于，她眼前一亮，想到了《犯罪现场》和《法律与秩序》这两个真人秀节目。

这两个节目也是从《学徒》派生出来的，它们不仅都获得了成功，而且还帮助《学徒》提高了收视率。

当玛莎将这些说出来之后，特朗普也想到了这两个成功的派生节目，因此，他也同意了玛莎的请求，允许组建玛莎版的《学徒》。不过，就像媒体记者们一样，特朗普也对玛莎版《学徒》的风格产生了兴趣。

要知道，在特朗普的《学徒》中，最为经典的就是那句台词"你被炒了"，但是很明显，这句台词并不适合玛莎，特别是在玛莎准备"咸鱼翻身"的时候。大家一致认为，特朗普可以盛气凌人，可以居高临下，可以冷冰冰地甩出"你被炒了"，玛莎却完全不能。

毕竟，"复出计划"的主旨是希望展现出玛莎在强势背后那温柔的一面，如果，她也像特朗普那样的话，恐怕将得不偿失。此外，大家还提出，《学徒》中那个精心设计的会议室背景也不适合玛莎，可是背景还能换成什么呢？难道要将背景换成是玛莎最常出现、最擅长的厨房吗？

然而，无论大家如何追问，玛莎却总是笑着不肯多透露一句。在她的心中，这些问题早已有了解决的方案，但是这个方案仍然需要与自己的团队进行沟通，然后进行完善。而且，玛莎相信，让大家保持一份好奇与关心，将会让玛莎版的《学徒》获得更多的支持者。

在玛莎的"复出计划"中，她还准备在天狼星卫星电台成立第一个全天候只关注女性兴趣的节目，名字就叫作"玛莎·斯图尔特生活电台"。这个节目将由玛莎来指导如何提高厨艺、园艺以及对美食的品尝等。

玛莎相信，只要这些计划能够成功，那么自己和公司将会轻轻松松地从困境中走出来。

4. 玛莎法则

就在玛莎的复出团队为了玛莎的复出而奔波劳累时，在监狱中无法做决策的玛莎也没有放弃努力，无法帮助大家，那就努力调整自己。玛莎抓住一切机会调整自己的状态：锻炼身体，阅读图书，在她的带领下，狱友们也纷纷行动起来，对生活重新充满了希望。

渐渐地，在不知不觉中，玛莎成了狱友们心中的"万事通"，她们觉得自己心中的所有疑问似乎在玛莎那里都能够得到解决。于是，每当狱友们有了新的想法或者疑问时，她们都会第一个向玛莎请教。

后来，大家似乎都养成了这样的习惯，来向玛莎请教的人越来越多，有时候，甚至在大家无所事事的时候，也会聚拢在玛莎的旁边，听她讲一些有趣或者富有哲理的话语。对这些拥有大把时间可以思考、学习的朋友，玛莎也十分喜欢，她希望能够通过自己的努力为她们提供最大限度的帮助。

而在与众狱友的交谈过程中，玛莎也发现，这些拥有大量时间思考的朋友们当中也有许多对未来有着自己的想法，只是她们并不晓得要如何将这些想法付诸行动。还有，她们不知道自己的想法究竟有哪些可取，哪里又需要改进、完善。

这样的问题多次出现之后，玛莎觉得自己有必要为大家讲讲这方面的东西了。于是，她选了个时间，将大家集合起来，举办了一个小小的关于创业的讲座。那一天，玛莎讲了许多。只有真正在监狱中待过一段时间的人才知道，每一天，如果脑海中没有能够吸引注意力的事情，那么很快就会被监狱中的那种枯燥逼疯的。

而玛莎讲述的主要内容，就是如何将这些枯燥的时间填满。玛莎告诉大家："我们生命的每一分钟都是弥足珍贵的，所以不应该有真空状态的存在，而我们思考的每一分钟，都是在为未来的成功积累希望。但是，最为重要的一点就是，建立事业应当选择最能够引起自己激情的东西去做！"

演讲持续了很长时间，慷慨激昂的玛莎忽然发现，自己有太多的东西想要讲给大家听，而且很明显，大家也都非常乐意倾听。所以，在这次的讲座之后，意犹未尽的玛莎原本想过些天再次举办讲座，可是不期而至的一个念头让她放弃了那样的举动。

玛莎想到，即便是再一次举办这样的讲座，自己也不过为身旁的这些狱友提供了一点点帮助，不仅帮到的人数有限，能够为她们提供的帮助也十分有限。于是，玛莎想到了，自己可以针对这个主题写一本书，不仅能够用自己的经验帮助到更多的人，而且还可以为自己的复出再添一把火。

就这样，一个小小的讲座引发了玛莎创作的欲望，她利用自己的闲暇时间，很快就为这本突然产生灵感的书整理出了提纲，她为这本书取名为《玛莎法则》。在这本书的整理过程中，玛莎忽然想到和自己一起创建玛莎·斯图尔特生活全媒体有限公司的伙伴们，她的心中忽然就充满了感激与温暖。

玛莎在致谢中写道："创办公司是一个具有非凡意义、令人激动万分的旅程，我相信对于这一点，每一位曾经参与创办玛莎·斯图尔特生活全媒体有限公司的同事都心有所感。我们坚信，自己所有的努力都是在设计与缔造一个最成功的美国梦！"

在提到写这本书的原因时，玛莎写道："在我的身旁，有各个年龄段的姐妹们，她们都有着自己的激情与梦想，她们渴望能够创立自己的事业，但是她们却缺少一位合格的生活指导老师，我觉得，自己可以胜任这样的角色。"

在书中，玛莎还提到，虽然她对身旁的每一位朋友都充满敬意，但是身为一名生活指导老师，她会在评判过程中坚持公平。也就是说，每一位向玛莎请教的人都要做好被批评、甚至是批判的准备。

当然，玛莎的最终目的不是打消大家创业的念头。而且，与这个观点相反，玛莎是希望大家能够最大限度地将梦想落到实处，有更大实现的可能。她指出，监狱中的这些朋友们，她们不缺少激情和想法，但是她们的想法要落到实处还有比较大的难度，因此，她必须指出那些不切实际的部分，从而帮助大家完善想法，提高成功的概率。

除了这些之外，玛莎还在书中给读者提了许多建议。其中，她特别指出的是：如果想要创业的话，那么一定要选择自己特别感兴趣的事情。此外，玛莎还指出，创业计划可以尽可能的大一些，但是一定要将注意力和创造力的重点放在那些基本的东西之上。

为了让自己所说的这些道理更为浅显易懂，玛莎还特意用玛莎·斯图尔特生活全媒体有限公司的经营理念来做例子。她写道："为尽可能多的人提供他们绝对需要以及想要的东西就是我所需要考虑的事情。而且，我最感兴趣的事情就是持家和管家，所以，对于每一位持家、管家的妇女来说，我能够真正明白她们需要、想要的东西是什么。"

玛莎的这本《玛莎法则》很快就获得了罗达利图书出版公司的

青睐，他们毫不犹豫地为这本书支付了200万美元的预付金。而《玛莎法则》也没有辜负他们的青睐，不仅销售异常火爆，甚至一度在《纽约时报》的畅销书榜单中牢牢占据着一个位置。

然而，令众人感到失望的是，这样的场面并没有持续很久。两个月之后，《玛莎法则》的销售状况开始逐渐下降，这让众人失望不已。

5. 欢迎回家

虽然《玛莎法则》的销售不尽如人意，但是没有人能够否定玛莎的人气。要知道，玛莎·斯图尔特这个名字早已成为一个无可非议的传奇，她早已成为了美国梦最形象的代言人，她的生活方式深深地影响了一代家庭主妇。

从玛莎开始，家居、待客已经不再是被众人厌烦的事情，反而一跃成了一种融于生活的艺术。玛莎这两个字，不仅是家居产品的品牌名字，更有了许多不同的内涵，甚至有时候，男子会用这两个字来评价优秀的女人，他们会这样说："恩，确实不错，非常玛莎！"

证券交易的案子让玛莎非常狼狈，公司的名誉也因此而下降了许多，股票价格甚至一度跌至谷底，但无可否认的是玛莎仍然拥有着大批的"粉丝"。这些"粉丝"在证券交易的案子刚曝光没几天就已经原谅了玛莎的错误，而且，他们坚信，玛莎不仅能够挺过这场暴风雨，还能够重新以"女王"的姿态出现在公众面前。

玛莎虽然从来没有提起过，但她身旁的人们都明白，忠心耿耿的"粉丝团"在玛莎最为艰难的时期给予了玛莎"咸鱼翻身"的信心和勇气。此外,当玛莎决定以入狱来降低风波的影响时,"粉丝团"也纷纷伸出援手,请求法官对玛莎给予宽大处理。

显然,"粉丝团"的请求起了作用,最终法官以"玛莎未曾有过犯罪记录"为由减轻了对玛莎的处罚。不过,在此之前玛莎的团队提出的让玛莎利用她的技能为社区服务,从而减少刑期的请求,却被法官拒绝了。

正是基于这些方面的考虑,所以,不少专家纷纷发表意见,表示当玛莎从监狱中走出来之后,一定能够凭借着她的英明决断和超高人气迅速上演"东山再起"的一幕。还有许多人认为,玛莎不仅能够取得成功,更有可能在原来的基础上再进一步!

所以,即便是玛莎进入监狱之后,她的生活状况仍然不时被附近特意守候的记者们公布出来。玛莎的行为也确实没有辜负"粉丝们"的期望,她不仅乐观地面对监禁的生活,还积极地开导周围的狱友,以至于当她离开时,"粉丝团"的队伍中又增添了一些仍然身处监狱的朋友们。

大家相信,作为玛莎·斯图尔特生活全媒体有限公司的顶梁柱,玛莎的一举一动都关乎着公司的命运。对此最直观的表现就是在玛莎即将从监狱中离开时,公司的股票迅速开始了大幅度上涨,而玛莎也凭借着手中的股票使得个人资产一举突破了10亿美元。

股票的上涨并没有为玛莎赢得"一面倒"的支持率,不时有营销专家跳出来表示,玛莎的行为已经使得斯图尔特这个品牌不再那么受众人信任与欢迎,同时,家居行业内新产品、新公司的强烈竞争也将带走一部分民众,所以,玛莎面临的困难将非常艰巨。

似乎是为了回应这些不和谐的质疑声,当4月份到来,在美国有着强大影响力的周刊《时代》发布了一份权威的排行榜。这个排行榜是在全球范围内选出的年度最具影响力的人物榜，而玛莎的名字也出现在了上面！此次与玛莎共同上榜的还有苹果公司的创始人史蒂夫·保罗·乔布斯、媒体巨头基思·鲁珀特·默多克。

没有人能够质疑《时代》杂志的公信力，所以凭此即可看出刚刚结束诉讼纷争、从监狱中走出的玛莎具有多么强烈的影响力！

此外，媒体记者们还惊奇地发现，玛莎庄园附近的居民似乎早已做好了迎接"名人邻居"回家的准备。他们似乎早已习惯了看着玛莎的身影出现在附近的五金店、饭店，以至于在玛莎监禁的这段时间里都有些不习惯了。

当记者们早早到达玛莎庄园的外面时，他们似乎能感觉到周围那种"玛莎，我们准备好了"的气氛。记者们发现，周围居民看向自己以及"粉丝团"的眼神平静、祥和，从中可以读出欢迎以及镇定。

面对记者的采访，附近的一位经营者说："玛莎的回家并没有影响到邻居的正常生活，没有给大家带来生活的不方便。我们相信，事情很快就会过去，就像曾经那样，我们为自己的事情而忙碌。"

还有一位居民也说："我们欢迎玛莎回家，但也仅仅是以一个邻居的身份进行欢迎。大家都很少参与到玛莎自己的空间中，以免打扰到她，大家都非常尊重对方的隐私。"

与邻居们的平淡欢迎相比，玛莎·斯图尔特生活全媒体有限公司的欢迎仪式则隆重多了。《玛莎·斯图尔特生活》杂志还特意制作了一个封面，封面上不仅有一幅春天的照片，还有一幅玛莎肖像照的特写，此外，在照片旁边还有一个大幅标题："欢迎玛莎回家！"这个封面预示着，玛莎即将否极泰来，她的春天将重新绽放。

除了这个封面外，玛莎被定罪后关闭的专栏"向玛莎求教"又重新出现了，同时，杂志还新增一个名为"从我的家到你的家"的专栏。玛莎再一次以成功者的姿态，回到了众人面前。

公司董事长苏珊·林恩也发表声明表达对玛莎的欢迎："2005年公司的发展状况在大家的预料之中，当然这不仅是我们品牌的力量，也离不开玛莎复出的影响。当然，不得不承认，玛莎的复出起了很大的作用，不仅对公司的员工起到了鼓舞的作用，还带来了许多热情洋溢的顾客。"

无论如何，玛莎回来了，这才是最重要的，不是吗？

第十章 家政女王的持续影响力

1. 玛莎复出

2005年8月31日，这天午夜过后，玛莎的电子脚镣将被取下，结束在家软禁的生活。虽然还有18个月的缓刑，但对于玛莎正常的工作和生活已经没有太大的影响了。她不再需要时时刻刻盯着钟表，不再需要闷坐家中等待时间结束，或许可以说，玛莎重整旗鼓的时间从这一刻才真正开始！

在这个对玛莎而言有着重大意义的时刻，她邀请了记者一同见证。他们坐在一起，随意交谈着，等待着自由时刻的到来。为了打发时间，玛莎甚至调皮地将脚跷了起来，让记者看那即将被打开的电子脚镣。

终于，在午夜过后又过了5分钟的时间，困扰了玛莎5个月零3周的电子脚镣被打开取了下来。玛莎兴奋地给了记者一个拥抱，虽然已经是午夜时分，但是看她的精神劲头，似乎已经没有了困意。

的确，玛莎的复出计划早已人尽皆知，而她正式复出的日子，也被团队指定为9月。也就是说，从第二天开始，重新打造一个玛莎的战略思想将全面展开。到时候，不仅玛莎的脱口秀会开播，玛莎版《学徒》也将与大家在荧屏见面。

在此之前，大家都对玛莎版的《学徒》表现出了强烈的好奇心。毕竟，《学徒》节目成名已久，几乎每一期都能够引发人们的议论，而大家也都非常喜欢唐纳德·特朗普强势地说出"你被炒了"这句话。

可是，很明显，这句经典的台词并不适合正在转型的玛莎。在大家的预想之中，转型后的玛莎应当向大家更多地展现出她温柔、细腻的一面，同时应当体现出玛莎强势归来的气势以及对未来的期望。

除此之外，大家对玛莎最大的建议就是不能像曾经那样冷冰冰地出现在镜头前，还有在《学徒》中不能像曾经那样对完美苛求到极致。

玛莎认真地听取了众人的建议，不过，她对于《学徒》有着自己的定位。对玛莎来说，《学徒》将成为自己帮助公司完成蜕变的一个工具。她说："我希望通过'学徒'，大家能够从中看到，我不仅是一位合格的生活指导老师，还能够担当起企业管理者的职责。这一点对于公司至关重要，毕竟现在的公司缺乏生气，也并不是每个人都能够明确自己的身份和职责。"

在玛莎的计划中，《学徒》节目将播出在她的16位徒弟之间展开的为期13个星期的竞争。其中，玛莎的16位徒弟将由10位女性、6位男性组成，他们的年龄将介于22岁到42岁之间。至于他们展开竞争的项目，则与玛莎·斯图尔特生活全媒体有限公司所涉及的项目息息相关，即出版、美食以及时尚。

《学徒》节目是在玛莎处于软禁时期开始录制的，查尔斯·科波曼和玛莎的女儿莱西则在节目录制过程中担当起了顾问的角色，当玛莎被迫待在家中不得外出时，他俩的工作任务就更重了。不过，玛莎表示，学徒们最终去向的决定权仍然掌握在自己的手中。

不过，很明显，大家感兴趣的似乎不是玛莎想要表现出来的那些东西，而是玛莎如何请失败者离开。毕竟特朗普的《学徒》已经是如此成功，甚至于"你被炒了"这句话已经成了美国人日常生活中的一部分。那么，玛莎将如何颠覆这种局面呢？她是否能再次开创一个新词汇呢？

在众人的期待之中，玛莎版的《学徒》终于开播了。在节目的开头，是玛莎的自传式介绍，在这个简短的介绍中，玛莎不仅让大家知道了她是首位在美国从无到有的女亿万富翁，还让大家知道了《学徒》的内容及淘汰规则。

玛莎向众人介绍说，在《学徒》播放期间，每一周都会有一位徒弟被淘汰出去，最终的获胜者将成为玛莎·斯图尔特生活全媒体有限公司的职员，而且他的年薪将是25万美元！

随着节目的播放，在此之前，大家纷纷竞猜的问题也有了答案：玛莎对于失败者的话语并没有太多的创新，她仅仅是选用了一个缓和的措辞。她对失败者说："你不适合做这份工作。"随后，玛莎还会给失败者发送一个个人信函，借此表示对失败者的慰问。

玛莎的"粉丝团"纷纷表示，玛莎仍然没有改变，她还是那样的完美，就连"开人"用的都是最容易被他人接受的话语，此外还额外表示对失败者的安慰，将"开人"这件事做到了无可挑剔。

因为《学徒》这个节目，所以有许多人将玛莎与特朗普放在一起进行比较，当《时代》周刊的记者就这个问题向玛莎提问时，玛莎的回答非常自豪、自信。她说："很多人喜欢特朗普的'学徒'是因为喜欢上了看他炒人，而我并不认为这是一件令人愉快的事情。我创建了一个非常出色的公司，也拥有许多非常出色的员工，他们之中有许多人从我开始创建公司的时候就一直跟随在我的身旁，我们一直不离不弃、共同奋斗。"

此外，玛莎还表示，她也是一位公平、公正、果断的管理人士，而且在工作之中会更加严格地要求自己和他人，这些都是她希望大家能够在玛莎版《学徒》中看到的品质。

2. 《学徒》失败

虽然玛莎和她的团队都对玛莎版的《学徒》寄予了厚望，大家也为此而付出了很多，但是《学徒》首播之后获得的评价却不是很好。

《商业周刊·网络版》评论说，玛莎版的《学徒》让大家看了之后，感觉像是一群学生前去参加考试，根本没有达到"三堂会审"的效果。评论还指出，特朗普的《学徒》之所以能够成功，就是因为他对竞争者异常苛刻，并且不断指出竞争者的缺点，而玛莎在《学徒》中则更像一位母亲。

这一次，专家们的意见罕见地统一了，他们一致表示：如果玛莎希望学徒能够获得成功，那么她就应当将更多的个人元素注入节目之中，至少应当让众人从节目中明白，她是一位怎样的主持人。

而想要达到这一点，则需要玛莎将自己现在的知名度、品牌代言等因素都抛却，甚至忘记团队在之前制定的"柔弱"特性。

玛莎想要无视这些不请自来的评论，毕竟这样的事情她也经历太多了，只要置之不理，这些嘈杂的声音就会迅速消失，如果针锋相对的话，则会将自己再次放到风口浪尖之上。对此，玛莎不断提醒着自己：不要同疯子争论，因为他们会将你的智商拉到他们的水平上，然后用他们丰富的经验打败你！

然而，令玛莎无法忽视的是《学徒》的收视率。作为玛莎复出计划中最重要的一环，《学徒》承载了玛莎太多的希望，她甚至希望《学徒》播出之后，公司的状况会水涨船高，向着辉煌的前景再进一步。没想到，《学徒》的收视率竟然比广播公司的预期要低很多，不仅没能为公司带来正面的影响，反而使得公司的股票在节目播出之后开始了小幅度的下跌！

有人将《学徒》失败的原因归咎于玛莎的曝光率过多，要知道，在玛莎的复出计划中，不仅有《学徒》，还有其他，诸如脱口秀节目、卫星电台节目，她还参加录制生活指导类DVD……

周围人的态度也对玛莎造成了一些影响，毕竟，无论是玛莎、伯奈特还是多媒体公司，在玛莎版《学徒》的录制与举办过程中都付出了许多。大家还在《学徒》开播之前对节目进行了大肆地炒作与宣扬，在充分调动起公众的好奇心之后，玛莎与多媒体公司坚持将《学徒》节目的播出时间安排到了黄金时间段。

当然，节目组这样的安排也无可厚非。无论是玛莎的知名度，还是伯奈特的影响力，都足以成为节目的一大亮点，将这样的节目排在黄金档，不应该是众望所归的吗？可是，实际情况是什么呢？

经过统计之后，玛莎和伯奈特虽然不愿意承认，但数据已经将结果显示得明明白白了：玛莎版《学徒》砸锅了，因为这个节目是所有黄金时间段播放的节目中收视率最低的那个，没有之一！这个结果出乎了所有人的意料，同时，也超出了大家的承受范围。

正当玛莎与自己的工作团队商议节目存在的问题以及改进方法时，全国广播公司网络发来信息：他们已经决定对节目的播放时间进行调整，将玛莎版《学徒》与最近颇为火热的节目《失落》放在一起进行播出。

而玛莎的团队在经过一番分析后，给出了玛莎一个答案。他们认为，玛莎版《学徒》的失败原因还是出在了玛莎身上。对于这个纯粹以玛莎为灵魂的节目，玛莎似乎并没有表现出东山再起的霸气与光彩，也就是说，玛莎的表现并没有满足对她抱有厚望的观众们。

就在玛莎思考自己的团队找出的问题时，她又看到了公关专家迈克·保罗对玛莎版《学徒》的评论。迈克·保罗说："玛莎版'学徒'最大的失败之处就在玛莎的身上，观众们之所以不看这个节目，是因为他们无法在节目中找到以前那个铁面无私、完美无瑕的玛莎。对观众们来说，玛莎完全是在摸黑前进，她行走在一个自己完全陌生的领域中，连她自己都感觉到迷茫，她又如何能够指导他人呢？"

在评论的最后，迈克·保罗也给出了自己的建议："如果玛莎要走出现在的困境，她就必须恢复曾经的自信与骄傲。我记得有一次看见玛莎的时候，她正在电梯里训斥员工。虽然我觉得，如果将我换作那位正在挨训的员工，我也会非常不爽，但是很明显，周围的其他人会对此感兴趣，而且这样的事情才符合玛莎铁面无私的性格！"

玛莎虽然认真聆听了这些建议，但是很明显，她并不认同这些观点。玛莎说："诚然，节目的效果不景气是每个人都不乐意见到的，但是我觉得节目失败的原因不应当全部归咎于我。"玛莎认为，在节目播放之前，对节目的曝光过度才是导致《学徒》最终失败的原因。

想起自己曾经豪言，要在第一集播出之后，就抢走特朗普的饭碗，玛莎的嘴角不禁泛起一丝苦笑：是自己将事情想得过于简单了！

3. 永不服输

　　虽然玛莎版的《学徒》被大家广泛认为是一个临时节目，无法吸引投资者以及创业专家的目光，甚至它的收视率都已经远远低于其他同样在黄金时间段播放的节目，但是这些都没有影响到玛莎对于成功的信念。

　　在制定复出计划的时候，玛莎就曾提出，要创建一个前所未有的白天播出的脱口秀节目。虽然玛莎和她的团队都非常重视对《学徒》的投入，但是考虑到脱口秀节目可以与《学徒》遥相呼应、相得益彰，玛莎与团队也耗费了许多心血来打造这一档节目。

　　为了让这个脱口秀节目不落俗套，玛莎和她的团队煞费苦心。他们不仅采用了更加新颖的编排方式，对画面的效果也力求新颖。与《学徒》节目最大的不同处，在于玛莎所从事的事情上，玛莎在这个脱口秀节目中从事的是自己最擅长的业务。

　　经过一番准备之后，这个脱口秀节目在9月12日开始播放了，玛莎和她的团队成员并没有为这个节目选取引人注目的名字，而是直接以《玛莎》来命名。大家一致认为，没有哪个名字会比这两个字更能吸引大家的眼球了。

　　作为玛莎曾经节目的最新版，《玛莎》节目很快就拥有了一大批的"粉丝"。虽然每一周玛莎都需要用两天半的时间来录制这个节目，但是她却丝毫没有感觉到辛苦。节目的制片人莉莎向记者介绍说，因为这个节目让玛莎感觉到很有价值，所以玛莎才能够兴致高昂地坚持下来。

此后不久，玛莎版《学徒》失败的消息就传了出来，而玛莎也开始将更多的精力投入到自己最擅长的这个领域中，节目《玛莎》因为玛莎的关注而不断产生一些新的创意，这些不断增添的变化也让观众们津津乐道，感到新奇不已。

玛莎曾经表示，既然《玛莎》这个节目是曾经节目的"改版"，那么这个节目不仅应当将曾经的那些观众拉拢回来，更需要吸引那些未曾关注过玛莎的观众。玛莎说，作为一个生活指导类的节目，如何贴近观众的生活将是被永远追求的核心，所以，如何让曾经的观众看出新意，同时给予最新吸引的观众以经验，就是节目《玛莎》的最终目的了。

为了能够将节目打造出这样的效果，玛莎总是会将录制现场的气氛调节得非常高昂，充分调动起据说是史上最大的直播间里的每一位观众的情绪。节目《玛莎》的直播会在美国的100多个城市中同时进行，随后，节目的白天播出将固定在"探索"频道上。

节目《玛莎》不仅拥有一个巨大的直播间来容纳现场观众，它还会邀请一些明星来担任嘉宾的角色。录制的现场则与玛莎的厨房一模一样，是特意为了这个节目而准备的。只是，玛莎却不肯像其他节目的主持人一样，第一个出现在镜头的面前。

有时候，玛莎会悄悄地躲藏在观众队伍之中，给观众们带来一阵惊喜的欢呼声；有时候，玛莎则会突然出现在某一位观众的家中，然后与女主人一起，完成家居的一些准备工作，比如说与女主人一起做饭！

因为这是玛莎擅长与精通的领域，《玛莎》这个节目渐渐取代了《学徒》在玛莎心中的位置，成了玛莎东山再起的重要一环。当有人向玛莎问道："请问，您在节目的录制现场，会不会因为现场直播而感到紧张呢？"

对此，玛莎笑着回应说："其实，节目现场所发生的一切都没有经过刻意的安排，而这也是我所希望达成的效果。我希望能够通过这种与观众、嘉宾的互动来提升电视机前观众的兴趣，也希望能够通过自己以及节目组的努力打造出一个高质量的节目！"

有一次，在谈到《玛莎》这个节目的时候，玛莎忽然笑称："这个节目其实还有统一的'观众服'呢！"身旁人不解："什么'观众服'呢？莫非你们节目会要求现场观众购买统一的服装么？还是你们要给现场观众免费赠送一些服装？"

看到大家有些不解，玛莎急忙解释："不，不，不是那样的，你们都猜错了。"在玛莎的解释下，大家总算明白了，《玛莎》节目的"观众服"从何而来。

还记得玛莎离开监狱的时候曾穿过的那件引起大家关注的披风式外套吗？那就是《玛莎》节目的"观众服"！

当初，玛莎穿的那件披风式外套是一位擅长手工编织的狱友亲手为玛莎编织的，不久后，一家从事纱线销售的公司抓住商机，将那种图案的编织方法上传到了他们的网站上。出乎大家意料的是，那个方法在很短的时间内被下载的次数就超过了100万次。

《玛莎》节目即将开播的时候，玛莎忽然产生了一个念头，她想："如果通过那个纱线公司的网站，邀请那些下载并编织了那种外套的朋友来现场当观众，肯定能够得到很多人的支持。"

想做就做，玛莎立即同那家纱线销售公司进行了联系，并且获得了对方的同意。于是，玛莎就在那家纱线销售公司的网站上发出了一封邀请信，在信中，她邀请那些下载并成功编织了这种外套的朋友前来当观众。

在发出那封邀请信的时候，玛莎猜不出会收到多少回复，毕竟已经过去5个多月了，或许，大家已经忘记了那件外套的事呢。就在玛莎胡思乱想的时候，助理兴奋地跑了过来，嘴里还喊着："多了，多了……"

"什么多了？"玛莎疑惑地问道。

"报名前来当观众的人数多了，而且远远地多出了计划的人数！"助理激动地回答道。

经过与助理的一番交谈，玛莎才知道，原来在短短的一个小时之内，节目组收到的申请就已经超过了10000个，也就是说，他们将不得不狠心进行挑选，从中选出100个申请者来当现场观众。

正是出于这个原因，玛莎才会笑称节目《玛莎》拥有正式的"观众服"！

4. 纷争结束

节目《玛莎》的播出不仅得到了许多玛莎支持者的欢迎，也在很短的时间内就赢得了广告公司的认可，但让玛莎感到遗憾的是，这个节目虽然大受欢迎，可它却无法为股票下跌的玛莎·斯图尔特生活全媒体有限公司提供帮助。

说到节目对公司股票的影响，便不得不提玛莎耗费大量心血打造的另一个节目——《学徒》。曾经被玛莎和团队寄予厚望的《学徒》，不仅没有达到预期的目标，反而成了黄金档收视率最低的节目，玛莎·斯图尔特生活全媒体有限公司的股票甚至因此而出现了下跌。

玛莎身旁的支持者曾经有过这样的担心，他们担心玛莎会因为《学徒》的失败而产生失落的情绪，进而对整个复出计划有所影响。但是，他们很快就发现，自己的担心完全是多余的，因为玛莎仍然是那个自信、傲然的女王！

也曾有人质疑过玛莎复出计划的合理性。毕竟，在玛莎的计划中，她的身影几乎时时刻刻都会出现在公众的视野中，大家担心，玛莎会不会由于出镜率过高而造成观众的"审美疲劳"，从而造成相反的效果？

不过，玛莎·斯图尔特生活全媒体有限公司很快就拿出了相关数据，向大家证明，玛莎在公众间的影响力仍然是无可比拟的。因为，不仅玛莎开创专栏的杂志销售状况稳中有升，脱口秀节目《玛莎》的收视率也十分可观。可以说，玛莎的复出计划是十分成功的。

在玛莎每日奔波劳碌的背后，她的团队仍然为"证券案件"坚持着上诉。这个曾经引起全城风云的"小小"案件，似乎也随着玛莎的入狱而变得风平浪静，仿佛早已成为了过去一样。但是，玛莎和她的团队并不这样认为，他们坚持着上诉，坚持用这种方式为玛莎正名。

玛莎固执地表示，这个案件让自己莫名其妙地蒙受了不白之冤，那些指控的罪名与自己根本没有任何关系！但事情的发展，让玛莎不得不辞去在公司中担任的职务，也不得不在法庭上为自己进行辩解。

当然，玛莎的辩解失败了。为了让自己的生活早日恢复正常，玛莎才毅然做出入狱服刑的决定。在做出这个决定的同时，玛莎就已经与自己的法律团队商议好了接下来的计划：玛莎入狱服刑，而法律团队则继续坚持上诉，争取为玛莎恢复名声！

然而，上诉的道路却是如此艰辛、困难。一直到2006年的时候，玛莎的法律团队都没有能够达成曾经期望的目标。不仅如此，美国证券交易委员会还将对玛莎提出"进行内幕交易"的指控，也就是说，这场已经持续了5年的司法纠纷，如果没有意外情况出现的话，还将持续下去。

只是，玛莎已经对这种情况感到厌烦了。她宁愿自己付出一些代价，也不想这样无限期地拖延下去了。于是，经过一番协商，这一年8月7日，玛莎与证券交易委员会达成和解，并签署了相关协议。

和解协议的确需要玛莎做出极大的让步：按照协议的约定，玛莎必须将她抛售股票得到的钱都拿出来，并且为抛售股票这一行为缴纳罚款。不仅如此，证券交易委员会还明确提出，从这一天开始，在今后的5年之中，不允许玛莎担任首席财务官的职务，同时也不允许玛莎在任何一家上市公司担任董事长的职务。

幸好，协议允许玛莎将现在的头衔保留下来，同样也默认了玛莎继续在玛莎·斯图尔特生活全媒体有限公司发挥自己影响力的行为。事实证明，证券交易委员会的这两个决定对此次和解协议的签署起了很大的作用，毕竟，对玛莎来说，让她无所事事才是最残忍的惩罚。

所以，当双方意见达成一致，确定这场已经持续5年的司法纠纷就此结束之后，玛莎公开发表了一个声明。在声明中，玛莎说道："这份协议的签署，只是结束我的一件个人事情。当然，我相信，从这一天开始，将不会再有噩梦纠缠不休了。"

在这场司法纠纷中，玛莎曾固执地选择用上诉来进行抗争，但是在抗争的过程中，虽然的确引起过全城轰动，引来了民众的关注，但是，纠纷并没有因为玛莎高人气的支持而得到解决，反而进一步拖延了下来。

当初，玛莎就是被这起司法纠纷所迫辞去了所担任的职务。玛莎相信，在这个由自己一手创办的公司中，即便自己现在从那个职务中退了出来，但是自己仍然有机会重新成为公司的领航者。只是，纠纷的延续让玛莎的这个念头的实现也开始了无限期的延后，这已经超出了玛莎的底线。

所以，玛莎才会选择接受和解协议，她只是希望，这场噩梦能够就此终结。虽然按照协议的约定，5年之内，玛莎仍然无法掌控公司，但是所有人都知道，公司的创意仍然掌握在玛莎的手中，玛莎对公司的影响力也仍然独一无二，所以，未来的某一天，她完全可以再次站在公司领航者的位置之上。

5. 一切都会过去的玛莎精神

玛莎曾经说："每个人，只要愿意，就没有什么事情是他无法学会并精通的。"她就像是一位狂热的信徒一样，坚定而疯狂地宣扬着自己内心深处最为美好的事情，她成功了！

玛莎通过自己的努力，成功地将一种新型的生活包装成了美国梦之一。从她出现在荧屏的那一刻起，种树、刷墙、割草、做早餐，这些生活中的琐碎小事都已经不再是枯燥无味的"鸡肋"了，而且还一跃成为生活中的一种艺术，一种品味与技术共存的艺术！

每一天，在固定的时间打开电视，跟随着玛莎一起开始新一天的家居生活，剪草、插花、准备美味的早餐……身上的睡衣是《玛莎》牌豪华纯棉的，面前的礼品篮是《玛莎》牌的，就连玛莎杂志下面的那张咖啡桌也是《玛莎》牌的，玛莎，无处不在……

这种《玛莎》式的生活一直持续到2004年，随着玛莎被宣布有罪而出现了波动。当时，许多消费者都对玛莎品牌的商品产生了反感，购物时，他们再也不愿选择那些曾经引以为荣的标志，不仅如此，还有许多广告公司也先后放弃了与玛莎公司的合作，就连公司的股票也开始了大幅度的下跌。

危难之际，玛莎并没有惊慌失措，她仍然保持着一贯的冷静。

她一面派自己的法律团队就此案进行交涉，一面物色着可以撑起公司大梁的出色管理人才。机遇巧合下，苏珊成了玛莎心中最理想的首席执行官。

在玛莎的心中，这一次的诉讼不过是人生中的一个小小挫折罢了，总会有过去的那一天。可是，如果不能帮助公司度过这一次危机，那么，等自己迈过这个挫折之后，恐怕将一无所有！可是，苏珊是那个能够力挽狂澜的"救世主"吗？玛莎也不知道，不过，她仍然选择了信任，而且，为了保证苏珊的决策能够顺利施行，玛莎还请了查尔斯·科波曼来担任公司的董事长。

事实证明，玛莎的眼光是正确的。在苏珊和科波曼的努力下，公司成功地渡过了那次危机，虽然在5个季度中，盈利的季度只有一个，但是对玛莎来说，已经是个能够接受的结果了。

不过，苏珊并没有坚持到玛莎归来的日子。2008年6月11日的时候，苏珊辞去了担任的总裁和首席执行官的职位，不过，她并没有辞去公司顾问的职位。就在众人纷纷猜测苏珊辞职的真正原因时，玛莎·斯图尔特生活全媒体有限公司又传出消息：公司首席执行官的位置将由米拉德和玛丽诺共同担任。

米拉德曾是公司媒体部的总裁，玛丽诺在之前则是营销部的总裁。苏珊表示，虽然上层的变动在短期内会引起公司的一些改变，但是整个交接的过程还是十分顺利的。毕竟，米拉德和玛丽诺都对公司的业务以及玛莎曾经制定的发展方向非常熟悉，所以完全不必担心公司会出现巨大的改变。

苏珊还有一句话没有说出来，那就是："即便公司的决策层做出对公司伤筋动骨的决策，玛莎也不会同意的。"要知道，作为创始人的玛莎仍然是公司最大的股东，并且她仍然对公司的"创新"有着自己的看法。

可是，在接下来的时间里，玛莎会做些什么呢？玛莎的粉丝们已经看到过玛莎以"迅雷不及掩耳之势"一步成功，也曾看到玛莎如"流星坠落"般失败，那么，在接下来的日子里，玛莎又会有怎样的奇思妙想呢？

熟悉玛莎的人都知道，无论眼前的路有多么艰难，玛莎都会毫不犹豫地高速前进，没有任何东西能够阻挡她的脚步。就像玛莎在离开监狱后能够迅速重新辉煌起来一样，无论面对怎样的磨难，她都能够从容面对，并且优雅地涅槃重生！

玛莎常常对身旁的朋友说："我做的每一件事，都是从自己内心的愿望、信仰出发的。我从来都没有将自己看得多么重要，就好像这个世界不能没有我一样。我知道，无论是少了谁，都不影响世界的正常运转。"

说到这里的时候，玛莎总是会停顿一下，然后继续说道："所以，我对周围的一切充满感恩与希望。我为身旁有一个非常优秀的团队而感恩，我也为是这个出色企业的一分子而感恩。我想说，正是因为有了他们，所以我的世界才有了希望，我的梦想才能够落到实处，最终对那些支持我的朋友给出鼓励，也正是因为有了他们，所以我才有了现在这样精彩、丰富的生活！"

虽然玛莎对这样的生活赞不绝口，但是与曾经面对挫折时的心态一样，玛莎同样认为，这样的幸福时光也终将会成为过去。所以，她不会停下自己奔跑的脚步，她要踩着时光的节奏，与幸福同行！

或许，这个消息对翘首以盼的粉丝们来说，实在是个"难以抗拒的诱惑"吧！

附录

玛莎·斯图尔特生平

童年的玛莎·科斯蒂拉·斯图尔特过着童话里"灰姑娘"的生活：没有美味丰盛的食物，没有艳丽华贵的衣裳，没有璀璨夺目的首饰……但，即便是在这样的生活里，她依然没有忘记感恩：她感恩父亲教会自己园艺劳动，她感恩母亲教会自己烹饪、缝纫的技巧。

高中时，玛莎·科斯蒂拉·斯图尔特在邻居的介绍下接触到模特这一行业，她健康、古典、美丽的外形赢得了许多工作机会，在这些工作过程中，她逐渐意识到自己与上层人士之间的差距，并开始了意识地学习。

玛莎·科斯蒂拉·斯图尔特在模特行业的成功让她对自己的未来充满信心，然而，在她与安迪成婚后，这一切都发生了变化，她工作的机会越来越少，获得的报酬也越来越少，就在她不甘心放弃的时候，女儿莱西的到来改变了她的观念。

随后，玛莎·科斯蒂拉·斯图尔特开始了自己在华尔街做证券经纪人的生活，雇佣她的老板坚信：对玛莎这位美丽、智慧的女人来说，根本就没有卖不掉的东西。然而，一场政治风波以及玛莎所在证券公司被指控收回扣让玛莎再次遭到了极大的打击。

1973年，在过了一段全职太太的生活之后，玛莎·科斯蒂拉·斯图尔特开始了自己的第一份餐饮生意，她与诺玛一起开创了"代人加工"的餐饮生意，生意的火爆程度令人震惊，而玛莎也因此成了当地的名人。

1975年，在结束了与诺玛的合作之后，玛莎又开始了新的尝试：打造出属于自己的餐饮品牌，她也为此而付出了努力。就是在这样的情况下，"市场篮子"成立并获得了成功，而玛莎在家政行业的知名度也越来越高。

就在玛莎·科斯蒂拉·斯图尔特的事业刚刚有了起色的时候，丈夫安迪忽然被查出患了癌症，这一消息让玛莎陷入了一种十分可怕的抑郁状态，这时她才发现，原来自己并没有想象中的那么坚强。好在经过一段时间的治疗之后，安迪终于挺了过来。

随后，玛莎·科斯蒂拉·斯图尔特的事业开始迈向辉煌，她的美食生意越来越大，她创作的图书越来越受欢迎，她主持的电视节目收视率也居高不下，她已成为美国人日常生活中必不可少的一部分。她——亲手打造了属于自己的商业帝国！

然而，一场股票交易的风波再次将玛莎·科斯蒂拉·斯图尔特推到了风口浪尖，在这场风波中，不仅她的形象受到了很大的影响，就连她公司的股票也因此而下跌了许多，她也被迫辞去了董事长与首席执行官的职务。

时至今日，玛莎·科斯蒂拉·斯图尔特仍然保持着极高的人气，这位影响了整整三代美国人的"家政界女皇"仍然执着地追求着自己的梦想，我们有理由相信，"灰姑娘"早已找到了那双最合脚、最璀璨的水晶鞋。

玛莎·斯图尔特年表

1941年8月3日，玛莎·斯图尔特出生。

1953年9月，玛莎·斯图尔特升入纳特利初中。

1959年，玛莎·斯图尔特从纳特利高中毕业，进入巴纳德女子学院。

1960年8月，玛莎·斯图尔特被《魅力》杂志评选为当年全美国着装最得体的十佳女大学生之一。

1961年，3月与安迪订婚，7月结婚。

1964年6月，玛莎·斯图尔特从巴纳德女子学院毕业。

1965年9月27日，女儿出生。

1968年8月，玛莎·斯图尔特成为一名证券经纪人。

1973年，玛莎·斯图尔特辞职，与诺玛一起创办公司——"代人加工"的餐饮生意。

1975年，玛莎·斯图尔特与诺玛散伙，独自开创"市场篮子"。

1977年1月，玛莎·斯图尔特注册成立玛莎·斯图尔特有限公司。这年春天，丈夫安迪被查出患了癌症。

1979年8月，玛莎·斯图尔特的父亲爱德华去世。

1982年，玛莎·斯图尔特第一本书《消闲》出版。

1986年，玛莎·斯图尔特第一档电视节目《玛莎·斯图尔特与你共度假期》开播。

1987年7月，玛莎·斯图尔特成为凯马特的形象代言人。

1990年，玛莎与安迪离婚。

1991年，《玛莎·斯图尔特生活》杂志出版，《玛莎·斯图尔特生活》电视节目开播。

1997年，玛莎·斯图尔特收回《玛莎·斯图尔特生活》杂志的控制权，成立玛莎·斯图尔特生活全媒体有限公司。

1999年10月，玛莎·斯图尔特生活全媒体有限公司在纽约证券交易所上市，玛莎·斯图尔特有70.4%的股份，成为美国历史上第一位拥有自己媒体上市公司的女性亿万富翁。

2001年12月，玛莎·斯图尔特得到英克隆公司股票即将暴跌的消息，将手中的股票抛售。

2002年9月，玛莎·斯图尔特被告知，可能对她提起股票内幕交易的民事诉讼。

2003年6月，玛莎·斯图尔特被起诉犯有妨碍司法调查罪和证券欺诈罪，被迫辞去董事长兼首席执行官的职务，担任首席创意总裁。

2004年，玛莎·斯图尔特被裁定有罪，进入奥尔德森联邦女子监狱服刑。

2005年8月，玛莎·斯图尔特的刑期结束。

2005年9月，玛莎·斯图尔特正式复出，玛莎版《学徒》与脱口秀节目《玛莎》开播。

2006年8月，玛莎·斯图尔特与证券交易委员会达成和解，签署相关协议。